Otto Merk

Zwischen Ruinen und Olympia

Otto Merk

Zwischen Ruinen und Olympia

München, Bayern und die Welt 1946–1972

Eine Zusammenfassung und Erweiterung
der anläßlich des
50. Jubiläums der Zeitungsgründung
erschienenen Serie

Münchner Merkur Zeitgeschichte

Verlagsanstalt »Bayerland« Dachau

Bildnachweis:

Bayerische Motoren Werke Aktiengesellschaft (Historisches Archiv), München: S. 43

Rudi Dix (Copyright Heinz Gebhardt, München): S. 8, 9, 13, 14, 15, 28, 32, 34, 35, 51, 55, 61, 62, 73, 74, 75, 76, 78, 79, 83, 84, 92, 95, 96 (2 Abb.), 97, 98, 101, 102, 103, 115

W. Engelhardt: S. 37

W. B. Francé: S. 10, 30

Münchner Merkur, Bildarchiv: S. 16 l. (Foto: Dix), 16 r. (Foto: Dix), 21 (Foto: Georg Fruhstorfer, München), 39 (Foto: ap), 40 (Foto: Keystone), 41, 44 (Foto: dpa), 48 l. (Foto: dpa), 48 r. (Foto: dpa), 53 (Foto: dpa), 59, 64, 69 (Foto: dpa), 70 (Deutsches Historisches Museum, Berlin; Foto: Schirner), 71 (Foto: Keystone), 80 (Foto: Keystone), 85 (Foto: Alfred Strobel, München), 87 (Foto: Keystone), 88 (Foto: Keystone), 90 (Foto: Keystone), 93 (Foto: dpa), 99, 100 (Foto: dpa), 104 (Foto: dpa), 105 (Foto: Keystone), 107 (Foto: Schirner), 108 (Foto: dpa), 109 (Foto: Keystone), 110 (Foto: ap), 111 (Foto: ap) 112, 114 (Foto: Dix), 116 (Foto: dpa), 117 l. (Foto: Dix), 117 r. (Foto: Bundesministerium der Verteidigung), 119 l. (Foto: Monti), 119 r. (Foto: ap), 121 (Foto: RTL 2), 122 l. (Foto: ap), 122 r. (Foto: Dix), 123 (Foto: Keystone), 125 (Foto: dpa), 126 o. (Foto: dpa), 126 u. (Foto: Olympic Press), 127 (Foto: Keystone), 128 (Foto: dpa), 129 (Foto: Schirner), 130 (Foto: Sven Simon, Bonn), 131 (Foto: Keystone), 132 (Foto: Werner Rzehaczek, München), 133 (Foto: Dix), 134 (Foto: NOP), 135 (Foto: NOP), 136 (Foto: NOP)

Hans Schürer, München: S. 22

Spielbank Bad Dürkheim: S. 66 (Foto: Hans Franck, Bad Dürkheim)

Weitere Abbildungen Archiv »Bayerland«, Dachau

Benutzte Quellen:

Albrecht, Norbert u. Husemann, Ralf: Deutschland. Die Geschichte der Bundesrepublik. Zürich/München 1979.

Chronik der Stadt München 1945–1948. Hrsg. v. Michael Schattenhofer. München 1980.

Falter, Josef: Chronik des Polizeipräsidiums München. Hrsg. v. Münchner Sicherheitsforum e. V. München 1986.

Franck, Dieter: Jahre unseres Lebens. 1945–1949. München 1980.

Gordon, Arthur: Die Fliegerei. Illustrierte Geschichte von den Anfängen bis zur Raumfahrt. Gütersloh 1964.

Kock, Peter Jakob: Der Bayerische Landtag. 1946–1986. Band I: Chronik. Bamberg 1986.

Merk, Otto: Raumfahrtreport. München 1967.

Seeberger, Kurt u. Rauchwetter, Georg: München 1945 bis heute. Chronik eines Aufstiegs. München 1970.

Trümmerzeit in München. Kultur und Gesellschaft einer deutschen Großstadt im Aufbruch. 1945–1949. Hrsg. v. Friedrich Prinz. München 1984.

Verlag und Gesamtherstellung:
Druckerei und Verlagsanstalt »Bayerland« GmbH
85221 Dachau, Konrad-Adenauer-Straße 19

© Druckerei und Verlagsanstalt »Bayerland« GmbH
85221 Dachau, 1997
Printed in Germany · ISBN 3-89251-243-4

Inhaltsverzeichnis

Schwarzer Schnaps zum Friedensjahr

In dieser winterlich kalten Silvesternacht stiegen keine farbenprächtigen Raketen in den wolkenverhangenen Himmel über München. Höchstens, daß die amerikanischen Soldaten, die nun schon seit acht Monaten als Sieger und Besatzer in der Stadt waren, vor ihren Kasernen, Clubs und beschlagnahmten Häusern ein bißchen herumballerten und bunte Leuchtkugeln hochjagten. Immerhin ging ja ein letztes Kriegsjahr über in ein erstes Friedensjahr.

Für die meisten Münchner bot die Jahreswende 1945/46 freilich wenig Anlaß zu besonderer Fröhlichkeit. In vielen Familien fehlten Väter und Söhne, die noch in den letzten Kämpfen gefallen waren oder als kriegsgefangene Soldaten bei Amerikanern, Briten, Franzosen und Sowjets hinter Stacheldraht saßen. Von denen im Westen wußte man wenigstens, wo und wie sie überlebt hatten, doch was den Osten anlangte, gab es nur die große Ungewißheit. Hoffnung war alles.

Dennoch: Man kam zusammen, Freunde, alte Kriegskameraden, Nachbarn. Ein paar letzte, über Krieg und Plünderung gerettete Flaschen Wein aus dem Keller oder sündteurer, auf dem Schwarzmarkt erstandener Schnaps – manch abenteuerlicher Silvesterpunsch wurde da gepanscht. Und wer wo eingeladen war, weiter weg von daheim, mußte sich gleich aufs Durchmachen bis zum Morgen einrichten. Denn zwischen drei und fünf Uhr durfte er sich nicht auf der Straße blicken lassen.

Doch das war schon ein Entgegenkommen der Besatzungsmacht zu Neujahr. Sonst nämlich galt eine Ausgangssperre zwischen 21.30 und 5 Uhr. Curfew nannten es die Amerikaner, und wen die Militärpatrouillen mit ihren Jeeps da nächtens aufgabelten, kam prompt in Haft.

München an der Jahreswende 1945/46, an der Wende zwischen zerschlagener Nazidiktatur und aufkeimender Demokratie. Die Amerikaner, bestrebt, die zwölf Jahre von Hitlers »Tausendjährigem Reich« bald auszulöschen, hatten für die Stadt bereits sechs politische Parteien zugelassen, hatten ihnen »Lizenzen« erteilt. Die ersten waren – o Wunder – die Kommunisten, denen die Militärregierung ihre alte KPD von vor 1933 wieder gestattete. Spä-

Nach dunklen Kellern: Geht es jetzt aufwärts?

ter kamen die Sozialdemokraten, eine heute vergessene Demokratische Union, ein FDP-Vorläufer namens Liberal-Demokratische Partei und schließlich – auf Platz fünf – die Christlich-Soziale Union dazu. Deren Gründerväter ließen es sich damals sicher nicht träumen, daß ihr Kind fortan ein halbes Jahrhundert hindurch Bayern beherrschen würde.

Und noch eine politische Gruppierung, eine ohne jede Tradition aus der Weimarer Republik, bekam den Segen der amerikanischen Politoffiziere, die meist deutsche Emigranten waren: Die Wirtschaftliche Aufbau-Vereinigung (WAV) eines bis dahin unbekannten Rechtsanwalts namens Alfred Loritz, der sich bald als größter deutscher Demagoge seit Adolf Hitlers Tod erweisen sollte. Von ihm und seiner Partei, an die sich heute allenfalls noch ältere Mitbürger erinnern, wird noch öfter die Rede sein müssen, vor allem, wenn es um Skandale geht.

Im München von damals, in dem die Angriffe britischer und amerikanischer Bomberverbände einen Schutthaufen von zehn Millionen Kubikmeter und 300 000 Obdachlose hinterlassen hatten, gibt es in den ersten Tagen des Jahres 1946 immerhin schon wieder 14 Kinos mit zusammen 5000 Sitzplätzen, in denen freilich nur amerikanische Filme gespielt werden dürfen. Die Kammerspiele im Schauspielhaus an der Maximilianstraße sind ständig ausverkauft, ein paar Kleinkunstbühnen mit Werner Finck oder Ursula Herking blühen auf, der Circus Krone hat sein kaputtes Haus wieder hergerichtet und ein neues Programm gestartet. Das Prinzregententheater, relativ ungeschoren durch die Bombennächte gekommen, wird von den neuen Parteien als Versammlungslokal genutzt und von der alten Staatsoper bespielt. Von den einst vorhandenen 97 Bühnendekorationen sind nach der Zerstörung des Nationaltheaters am

Die Stadt, eine Trümmerwüste.

Max-Joseph-Platz allerdings nur ganze vier übrig geblieben: »La Boheme«, »Tiefland«, »Freischütz« und »Verkaufte Braut«.

Und da gab es auch schon zwei Tageszeitungen. Wobei der Begriff trügt, denn sie erschienen nicht täglich, sondern nur zweimal in der Woche. Und auch dann nur mit vier oder sechs Seiten. Die »Süddeutsche Zeitung« war am 6. Oktober 1945 von der US-Militärregierung lizensiert worden, als erste in Bayern. Die »Neue Zeitung«, von deutsch-amerikanischen Journalisten für Deutsche gemacht, war schon kurz zuvor herausgekommen – gedruckt in der Schellingstraße auf den Rotationsmaschinen des »Völkischen Beobachters«.

In ihrer Neujahrsausgabe 1946 schrieb Erich Kästner:
»›Wird's besser? Wird's schlimmer?‹
fragt man alljährlich.
Seien wir ehrlich:
Leben ist immer lebensgefährlich.«

Der Mann hatte ja so recht, vor allem, was die nächste Zukunft anlangte.

Münchens Wahrzeichen 1946.

Jeeps, Jazz und andere Premieren

Irgendwie war dauernd Premiere. So vieles war ja neu in diesem ersten »Friedensjahr« 1946 für die Münchner und Bayern, die Krieg und Diktatur durchgestanden hatten.

Die dunkelhäutigen Soldaten aus Übersee zum Beispiel, die man damals noch schlicht und einfach »Neger« nannte. Die flotten Jeeps, die wild durch die Straßen rasten, der Kaugummi und die Candys, die GIs gelegentlich den Kindern schenkten. Der ständig erhobene Zeigefinger der Militärregierung und die kaum faßbare Angewohnheit der Amis, die guten Chesterfields, Camels und Lucky Strikes nur bis zur Hälfte zu rauchen und dann einfach wegzuwerfen.

Mit das Beste aber, was die Sieger neben der neuen (freilich noch äußerst eingeschränkten) demokratischen Freiheit über den Atlantik herübergebracht hatten, war nach Meinung der damals Jungen zwischen zehn und 30 Jahren ihre Musik. Dixie, Swing, Blues, Jazz überhaupt: Premieren für viele, die nicht gewagt hatten, während der Kriegszeit mal in westliche »Feindsender« reinzuhören. AFN Munich, die bayerische Station des europaweiten »American Forces Network«, wurde bald zum beliebten Sender. Und Glenn Millers »In the Mood«, Duke Ellingtons »Take the A-Train« oder Artie

Der flotte Jeep beherrschte die Straßen.

Shaws »Begin the Beguine« gerieten zu Ohrwürmern.

Premieren auch auf Bühnen, auf großen, kleinen und ganz kleinen überall in Stadt und Land. Mit neuen Volkstheatern, Kabaretts, Matinees, Dichterlesungen. Man spielte in Turnsälen, Biersälen und in Nebenzimmern von Wirtshäusern. Hehrer Kunsttempel in München war neben dem leicht angestoßenen Prinzregententheater die Kammerspiel-Bühne in der Maximilianstraße. Da führte man Autoren auf, die nicht ins Kunstverständnis des Dritten Reiches gepaßt hatten, nun aber um so begeisterter aufgenommen wurden.

»Der Trojanische Krieg findet nicht statt« von Jean Giradoux war so ein Theaterereignis, das mich damals hinriß. Axel von Ambesser, die stets etwas verkniffen wirkende Maria Koppenhöfer, der süffisante Charles Regnier und die (erst im November 1995 hochbetagt verstorbene) Maria Nicklisch waren die umjubelten Stars.

Doch da gab es – auf politischer Bühne – auch einen »Krieg, der nicht stattfand«: den bayerisch-österreichischen.

Nie davon gehört? Er wurde Anfang 1946 geführt, glücklicherweise nur mit starken Worten. Da waren im vor mehr als 1200 Jahren bajuwarisch besiedelten Nachbarland alle Erinnerungen an den überbrandenden Anschlußjubel von 1938 jäh verblaßt. Konnte sich Österreich als »Erstes Angriffsopfer Hitlers« nicht auch was abschneiden?

Begehrliche Wiener Blicke richteten sich auf jenen südöstlichsten Zipfel Bayerns, den man »Berchtesgadener Land« oder auch »Rupertiwinkel« nennt und zugegebenermaßen mit Watzmann und Königssee störend zwischen die österreichischen Bundesländer Salzburg und Tirol hineinragt. Da zudem dort schon mal der Erzbischof von Salzburg das Sagen hatte, lag es nahe, den alliierten Siegern das Schwanzstück des schwerbelasteten »Traditionsgaus der NSDAP« (etwa dem heutigen Regierungsbezirk Oberbayern entsprechend) abzuschwatzen. Und damit den Straßen- und vielleicht auch einmal Bahnweg zwischen Salzburg und Innsbruck durch eigenes rot-weiß-rotes Land zu führen und entscheidend zu verkürzen.

Da hatten die »Anschluß-Politiker«, von denen es auch einige im Rupertiwinkel selbst gab, allerdings nicht mit Dr. Wilhelm Hoegner gerechnet. Mit dem einstigen Münchner SPD-Reichstagsabgeordneten, der im März 1933 gegen das Ermächtigungsgesetz für den Reichskanzler Adolf Hitler gestimmt hatte und dann über die bayerischen Berge nach Österreich und in die Schweiz geflohen war. 1945 zurückgekehrt, wurde er von der amerikanischen Militärregierung Ende September 1945 zum bayerischen Ministerpräsidenten ernannt – und von vielen in der Bevölkerung prompt angefeindet, weil er sich die ihm rechtlich zustehenden, seit 1933 aber entgangenen Gebührnisse eines bayerischen Justizbeamten nachzahlen ließ: 60 000 Reichsmark, von denen zehn Prozent Steuern abgingen.

Was die österreichischen Gebietsforderungen rund um den Königssee anlangte, wurde Hoegner aber als bayerischer

Wilhelm Hoegner, von den Amerikanern berufener Ministerpräsident.

Patriot sogleich anerkannt. »Wir sind nicht gewillt«, polterte er bei einer Rede in Traunstein, »uns das Berchtesgadener Land nehmen zu lassen. Jeder, der in diesem Gebiet für eine Abtretung an Österreich agitiert, wird verhaftet und wegen Hochverrats vor ein Gericht gestellt. Wenn es sein muß, dann werden wir dieses Gebiet mit Mistgabeln und Sensen verteidigen.«

Wehrhafte Worte, nachdem die US-Militärregierung jede Schreckschußpistole und jedes Jagdgewehr unter Androhung schwerster Strafen eingezogen hatte. Doch, wie gesagt, fand weder der trojanische auf der Bühne noch der bayerisch-österreichische Krieg um den Königssee tatsächlich statt. Dafür aber ein in Ruinenstraßen, Wäldern und einsamen Dörfern blutig geführter Kampf zwischen schwerbewaffneten Verbrecherbanden und einer armseligen Polizei. Und auch das war eine Premiere, freilich eine schreckliche.

Wildwest in Stadt und Land

Die Polizeiberichte des Jahres 1946 waren weder so gut formuliert wie heutzutage, noch verzeichneten sie Straftaten, wie sie jetzt an der Tagesordnung sind: Autoaufbrüche, Kaufhausdiebstähle oder Drogenhandel. Damals ging es härter und blutiger zu. Allein zwischen Februar und April wurden in München vier Polizisten erschossen.

In Stadt und Land hatten sich Zustände entwickelt, die jenen glichen, wie man sie wenig später, zurückgelehnt in Kinosessel, in Hollywood-Western genießen konnte. Nur John Wayne, der Sheriff, war nicht immer obenauf.

Obenauf waren Banden unterschiedlicher Herkunft, Deutsche waren dabei, aber meist Ausländer. Sie erpreßten und raubten Lebensmittel, Kleider, Geld und Schmuck, zögerten nicht, die Waffe zu gebrauchen. Die »Neue Zeitung«, das journalistisch vorbildlich gemachte Blatt der US-Besatzungsmacht für deutsche Leser, klärte darüber auf, daß neben den aus politischen oder rassischen Gründen Eingekerkerten auch Berufsverbrecher aus den Konzentrationslagern befreit worden seien.

Die sollte nun eine Polizei wieder einfangen, die – weil alle Beamten, die in der NSDAP waren, nicht mehr Dienst tun durften – selbst noch desorganisiert war. Immerhin hatten die Polizisten, die nach und nach vom Gendarmen-Grüngrau der Himmler-Ära in zivileres Dunkelblau umgekleidet wurden, amerikanische Trommelrevolver, echte Colts, bekommen. Auch das paßte zu den Wildwestzeiten in München und Bayern.

Der erste Münchner Polizeipräsident, von den Amerikanern berufen, war übrigens der Oberst a. D. Johann Ritter von Seißer, der bei der Niederschlagung des Hitlerputsches vom 9. November 1923 eine Rolle gespielt hatte. Doch der alte Herr, er war 69, gab bald entnervt auf und wurde durch Franz-Xaver Pitzer, 61, Schreinermeister und Sozialdemokrat, ersetzt. Der joviale Münchner Typ mit Stirnglatze und Hitlerbärtchen, der meist Fliege statt Krawatte trug, galt als Fachmann, weil er 1918/19, zu Zeiten der bayerischen Eisner- und Räterepublik, Chef einer »Zivilen Sicherheitswache« gewesen war. Wir werden von ihm noch hören.

Innenministern und Polizeipräsidenten von heute stünden die Haare zu Berge, wenn man sie ins Chaos vor 50 Jahren zurückversetzen würde. Allein gültiges Gesetz war die Militärregierung, für uns in Bayern (und in Baden, Württemberg und Hessen) die amerikanische. Die hatte zwar ein schon zu Kriegszeiten erstelltes Programm zur Ausmerzung von Nationalsozialismus und Militarismus und zur Reeducation, der Umerziehung der Deutschen zur Demokratie. Doch was Fünfsterne-General Dwight D. Eisenhower von ganz oben befahl, wurde von seinen Militärgouverneuren auf Landesebene, einem Oberst als Stadtkommandanten oder dem Captain, der in einem Landkreis die MP, die gefürchtete Military Police, befehligte, oft durchaus unterschiedlich ausgelegt und angewandt.

Da gab es das »Non-Fraternization«-Gebot. Kein Amerikaner, ob Offizier oder einfacher Soldat, sollte mit Deutschen anders als allenfalls streng dienstlich verkehren. Das ließ sich schwer halten und wurde gar bald »von unten her« aufgeweicht.

Ich beispielsweise wurde als Ex-Luftwaffenpilot beim 150. Ordonance-Bataillon in der ehemaligen Panzerjäger-Kaserne in Freimann mit offenen Armen aufgenommen – als Dolmetscher mit magerem

Die ersten deutschen Polizisten in München waren noch mit Karabinern ausgerüstet, später bekamen sie dann echte amerikanische Colts.

Keine Freundschaft mit den Deutschen! Das Verbot ließ sich nicht lange halten.

Schulenglisch. Deutsche »Interpreter« waren gefragt.

Der Commanding Officer, ein Captain, versicherte mir sogleich, daß er Respekt vor der Wehrmacht habe, Mitleid mit der deutschen Bevölkerung und eine Wut auf die »damned DPs«. Womit er jene meinte, die als »Displaced Persons« von den Amerikanern verpflegt und gehätschelt wurden: Zwangsarbeiter und Verschleppte aus vielen Nationen waren darunter, aber auch solche, die nicht mehr wahrhaben wollten, daß sie aus freien Stücken die Deutschen unterstützt hatten. So manchen Russen, Ukrainer, Ungarn oder Polen zog es keineswegs in die Heimat zurück, wo ihnen als »Nazikollaborateu-

ren« Strafen bis hin zum Galgen drohten. Ich bekam Verpflegung wie nie in fünf Kriegsjahren, Löhnung und Zigaretten. Speisereste aus dem Überfluß der Soldaten wurden weggekippt. Immerhin durften die Frauen, die in der Küche spülten, davon was für die Kinder mit heim nehmen.

Schon gar nicht zu halten war das Berührungsverbot zwischen Siegern und bösen Nazideutschen auf allzumenschlichem Gebiet. Die »Fräuleins«, die auf die Eiscreme- und Kaugummi-potenten Soldaten standen, wurden bald zum größten Problem, dem sich die US-Army in Europa gegenübersah. Und auch, oder ganz besonders, in München.

Ein Bäckermeister wird gewählt

»Das erste bayerische Negerlein«, lautete die Überschrift einer Meldung der »Süddeutschen Zeitung« vom 11. Januar 1946. Demnach war im Weiler Almeding, Gemeinde Roßdorf, nahe Teisendorf an der Autobahn nach Salzburg, ein gesunder Bub in die Nachkriegswelt gesetzt worden. Die Mutter, Viktoria Lindner, 27, ließ ihn Lorenz taufen. Den Vater konnte die Zeitung nicht nennen, und eine Frühgeburt war es offenbar auch. Denn nur sieben Monate zuvor war die 3. US-Infanteriedivision von München her auf Hitlers Obersalzberg gestoßen. Irgendwie hatte es halt arg pressiert.

Der dunkelhäutige Knabe Lorenz blieb nicht lange das einzige »Besatzungskind«. Nur zählten später nicht mehr Zeitungen, sondern Standesämter die Babys, deren Mütter nicht immer Name, Dienstgrad und Kennmarkennummer des Erzeugers aus Übersee angeben konnten.

Natürlich zerriß man sich darüber gehörig die Mäuler. Für die einen waren das »Ami-Flitscherl« oder gar »Negerhuren«, wobei man mancher ankreidete, daß »die doch noch vor einem Jahr beim BDM war« – der Mädchenorganisation der Hitlerjugend.

Andere sahen das realistischer und toleranter: Ein festes Verhältnis mit einem »Tschi-ei« (bajuwarisiert für GI, wie sich die US-Soldiers nach der Abkürzung von »Goverment Issue« selbst nannten) versprach mehr Lebensqualität in armseliger Zeit. Und die Liebe ging bisweilen durch den Magen ganzer Familien. Denn der gutmütige Joe oder Jim, weit weg von »sweet home« in Alabama, Wisconsin, oder Colorado, schleppte dankbar für etwas Geborgenheit an, was immer er von der überreichlichen Truppenverpflegung abzweigen und in der PX, seiner mit allen

Farbige »Besatzungskinder«: 1946 noch eine Seltenheit, doch bald eine Selbstverständlichkeit.

Herrlichkeiten bestückten Marketenderei, kaufen konnte.

Es gab Mietshäuser in München (und ich kannte einige davon), in denen gute Nachbarn vom glücklichen Umstand profitierten, daß die Anni im Parterre einen Sergeant und die Sieglinde im 3. Stock einen Corporal als verliebte und spendable Familienmitglieder aufgenommen hatten. Will jemand über Moral reden?

Solche halbwegs geregelten Beziehungen, die meist zerplatzten, wenn der »lonesome Cowboy« endlich in seine Prärie zurückdurfte, waren nicht die größte Sorge der US-Militärverwaltung. Jene »Fräuleins«, die sich Dollars, Candy und Zigaretten außerhalb von »families« verdienten, waren weit unerwünschter. Und auch viel gefährlicher für die immer noch nötige Einsatzbereitschaft der Truppe in einem Land, vor dem schon langsam ein »Eiserner Vorhang« niederging. Die Gefahr hieß Tripper und Syphilis.

GIs, ob weiß, schwarz oder braun in der Haut, mochten bayerische Mädchen, ob blond, schwarz oder braun im Haar. Wen sie nicht mögen sollten und durften, war eine gewisse Veronika Dankeschön.

Geschlechtskrankheit heißt im Amerikanischen venereal disease, die Abkürzung ist VD. Und VD wurde – nicht schmeichelhaft für deutsche Frauen, aber effektiv für GIs – zum plakatierten Abschreckungsslogan »Veronika Dankeschön«. Ansteckung, nein, dankeschön! Mit solch griffigen Formulierungen aus ihrer Public-Relation-Kiste überraschten die Amis uns tumbe Deutsche schon damals.

Wir in Bayern hatten unterdessen Ende Januar bereits die erste freie und allgemeine Wahl seit 13 Jahren hinter uns. Die letzte – es ging um den Reichstag – hatte am 5. März 1933 stattgefunden und der NSDAP reichsweit 44,1 Prozent gebracht. Später gab es dann nur noch »Volksabstimmungen« mit Quoten über 90 Prozent.

Oberbürgermeister von München:
Karl Scharnagel.

Erste Gemeindewahlen in Bayern:
So genau nahm man's damals noch nicht.

Jetzt galt es, uns Demokratie von Grund auf beizubringen, also erst mal Gemeinde- und Kreisvertretungen zu wählen. Traumhafte 85 Prozent der Wahlberechtigten machten mit.

In München ging das so aus, daß die CSU 20, die SPD 17 und die altgewordene KPD zwei Sitze im Stadtrat erhielten.

Das bedeutete, daß der einst populäre Bäckermeister Dr. hc. Karl Scharnagl, 1933 von den Nazis entfernter und von den Amerikanern 1945 kommissarisch wieder eingesetzter Oberbürgermeister, nun auch demokratisch legitimiert war. In früherer Weise (er hatte einst in den USA einen Millionen-Dollar-Kredit für München lockergemacht) konnte er freilich nicht mehr viel bewirken. Nur eher verwalten, was es zu verwalten gab und was die Kontrolleure der Militärregierung gestatteten.

Und die köstlich-frischen Brezen, die ich einst auf meinem Schulweg zum Wilhelmsgymnasium aus der Scharnagl-Bäckerei am Wiener Platz mitgenommen hatte, gab es auch nicht mehr.

Der Henker genehmigte sich einen Whisky

Rückblickend kommt mir 1946 als ein besonders wichtiges Jahr vor, was die Entwicklung der Beziehungen zwischen amerikanischen Siegern und bayerischer Bevölkerung anlangt. Wenigstens für jene Generation, die, mitgestaltend oder auch mitleidend, Aufstieg und Fall des Dritten Reiches erlebt hat. Verhetzungen und Vorurteile begannen sich langsam, ganz langsam abzuschleifen – auch wenn es noch Rückschläge genug gab.

Trotz der Demontage von Industriebetrieben – in München war auch BMW betroffen – wurde deutlich, daß die USA den Morgenthau-Plan, der Deutschland in einen Agrarstaat verwandeln wollte, ad acta gelegt hatten. Daß sie, wenn auch nach einer »Bußzeit«, dem Volk, das einst aus vielen Gründen Adolf Hitler verfallen war, die Chance eines Neuanfangs geben wollten.

Von den Gemeindewahlen des Januar war schon die Rede, zwei landesweite Wahlgänge folgten: einer, Ende Juni, zur »Verfassungsgebenden Landesversammlung«, der andere, am 1. Dezember, zum Verfassungsentscheid und zur Schaffung eines Landtags. Beide, soviel sei vorweggenommen, zementierten den Fortbestand Bayerns als eigenständiger Staat.

Doch auch für die Aufarbeitung, wenn schon nicht Bewältigung der jüngsten Vergangenheit war das Jahr bedeutsam. Prozesse vor Militärgerichten, in Dachau etwa, enthüllten entsetzliche, nicht für möglich gehaltene Greuel in den Konzentrationslagern. Sie endeten mit zahlreichen, alsbald vollstreckten Todesurteilen. Daß da neben gerechter Sühne wohl auch einige Justizmorde standen, zeigt der ebenfalls in Dachau geführte »Malmedy-Prozeß«. Da wurden 43 Offiziere und Soldaten der Waffen-SS wegen »Ermordung« amerikanischer Gefangener von US-Militärrichtern kurzerhand zum Strick verdammt. Doch alle Urteile mußten aufgehoben werden, weil, wie weniger haßgetrübte Instanzen später feststellten, die Anklage Geständnisse sogar mit Scheinhinrichtungen erpreßt hatte.

Die unendliche Geschichte des Jahres jedoch war der Prozeß gegen 24 »Hauptkriegsverbrecher« vor dem IMT, dem Internationalen Militärtribunal im zerstörten Nürnberg, der »Stadt der Reichsparteitage«. Hermann Göring, der zweite Mann hinter Hitler, Außenminister von Ribbentrop, Julius Streicher, der Judenhasser, die höchsten Generale und Admirale der Wehrmacht und andere saßen auf der Anklagebank. Wieder kamen schreckliche Verbrechen zur Sprache, Tag um Tag. Zeitungen, soweit es sie schon gab, und »Radio München« berichteten ausführlich. Doch nicht jedermann wollte lesen oder hören.

Als kurz nach Mitternacht am 17. Oktober 1946 in der Turnhalle des Justizgebäudes zehn »Top-Nazis« am Galgen zu Tode gebracht wurden (Göring hatte rechtzeitig eine Giftkapsel geschluckt, was bis heute Rätsel aufgibt), mußte der bayerische Ministerpräsident Wilhelm Hoegner daran als »Zeuge des deutschen Volkes« teilnehmen. »In dieser Nacht schliefen wir nicht«, schrieb er später.

»Daily Week«, eine Wandzeitung der US-Army, war weniger zart besaitet. Unter dem Titel »Gerechtigkeit triumphiert – und Nazis schlafen den großen Schlaf« zeigte sie Fotos aller Hingerichteten, schön mit dem Strick um den Hals. Daneben: Sergeant John C. Woods, der »Hangman«, der die Knoten kunstvoll geschlun-

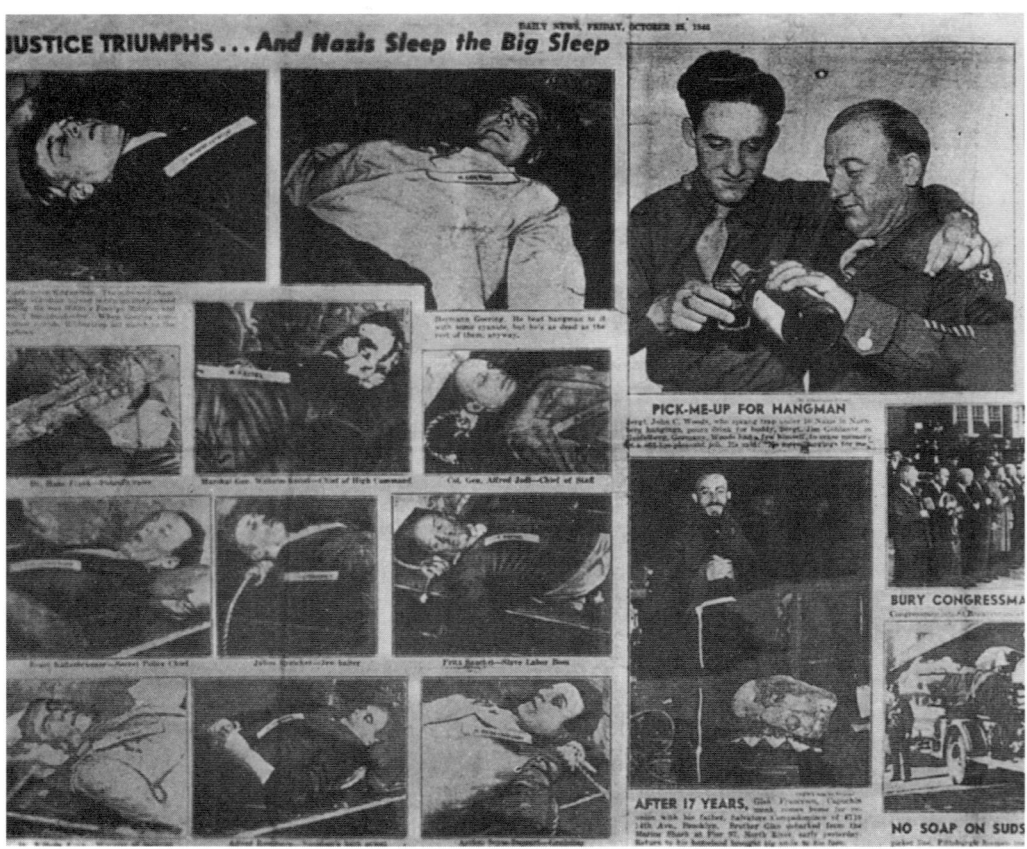

Eine Wandzeitung der US-Army zeigt die Gehängten und den Henker (o. re.).

Die Hauptkriegsverbrecher vor dem Nürnberger Tribunal der vier Siegermächte.

gen und die Fallklappen betätigt hatte, beim Whisky danach.

Ich kann mich nicht erinnern, daß der von Anfang an erwartete Ausgang des Prozesses uns noch besonders aufgeregt hätte. Nun waren sie tot, die ganz oben geführt und verführt hatten, für uns Millionen aber ging es weiter ums persönliche Überleben.

Und das war noch immer schwierig genug. Die Lebensmittelzuteilung auf Marken war von täglich 1550 auf 1275 Kalorien herabgesetzt, die Schwarzmarktpreise kletterten weiter. Doch immerhin ein Lichtblick: Die Sperrstunde, während der man in den vier Wänden zu bleiben hatte, war endlich aufgehoben.

Da kam es nun allerdings wieder öfter vor, daß Münchner, um den Anzug erleichtert, nächtens in Unterhosen nach Hause kamen. Peter Igelhoff, Komponist und Texter origineller Schlager, sang indisch-orientalisch zum Klavier:
»Mahatma, Mahatma, ma hat ma heut as Gwand auszogn, in der Nacht um halbe drei.

A Derwisch, a Derwisch, a Derwischen gibt's auf keinen Fall, dafür sorgt die Polizei . . .«
Irgend jemand muß sich daran gestoßen haben. Denn bald war der Song über »Radio München« nicht mehr zu hören.

Auch der Weiß Ferdl brauchte Persilscheine

Die Zeitung, die gegen Mittag an wack-lig-primitiven Verkaufsständen oder auch nur einfach an der Straßenecke angeboten wurde, zauberte sogleich Schlangen her-bei, Menschenschlangen. Und die waren damals in der Stadt vor jedem Geschäft und vor jeder Dienststelle allemal zahlrei-cher als Kreuzottern oder Ringelnattern in den Isarauen.

Es war Mittwoch, der 13. November 1946. Die Zeitung hatte einen graphisch wenig geglückten, recht klobigen Kopf,

hieß »Münchner Mittag«, und ihre Schlagzeile, falls man sie so bezeichnen wollte, verkündete zweispaltig in dünnen Lettern: »Programm der Nation – nicht der Parteien, Truman«.

Das war ziemlich unverständlich und riß nicht gerade vom Hocker. Dennoch waren die im Souterrain an der Paul-Heyse-Straße von einer klapprigen Vorkriegs-Rotationsmaschine ausgespuckten 60 000 Exemplare für 20 Reichspfennige pro Stück im Handumdrehen vergriffen. Schließlich waren Zeitungen nicht nur als Informationsträger, sondern auch als Gebrauchsmittel für alle möglichen Zwecke heiß begehrt.

Der »Münchner Mittag« – die Erstausga-be hatte ausnahmsweise zehn Seiten – war bereits die 21. Zeitung, die von der

Auch der Weiß Ferdl war Parteigenosse gewesen. Lebhaft verteidigte er sich vor der Spruchkammer.

US-Militärregierung für Bayern lizensiert wurde. Aber, gemäß dem ausgefeilten Umerziehungsprogramm, das in Großstädten zwei Zeitungen vorsah, doch auch wieder etwas einmaliges. Und weil die amerikanischen Presseoffiziere meinten, man sollte wieder eine Zeitungslandschaft wie vor 1933 schaffen, mußte der »Münchner Mittag«, im Gegensatz zur bereits als Morgenzeitung etablierten »Süddeutschen Zeitung«, eben Mittags erscheinen. Als ein etwas lockerer, heute würde man sagen, boulevardmäßig gemachtes Blatt. Daß das vom Ansatz und den Möglichkeiten her falsch war, sollte sich bald zeigen.

Doch ob eine oder zwei Zeitungen, ob am Morgen oder am Mittag: Die Probleme für Stadt und Land, die sie auf ihren paar Seiten nur notdürftig spiegeln konnten, wurden nicht leichter und weniger. Sie wurden schwieriger, größer und zahlreicher.

Da war beispielsweise die Entnazifizierung, ein Unwort, eingedeutscht aus dem amerikanischen »denazification«. Das auslösende »Gesetz zur Befreiung von Nationalsozialismus und Militarismus« hatten die von der US-Militärregierung eingesetzten Ministerpräsidenten von Bayern, Württemberg-Baden und Großhessen bereits am 5. März 1946 im Großen Sitzungssaal des Münchner Rathauses unterzeichnet. Danach wurden »Spruchkammern« installiert, die zu prüfen hatten, wieweit sich Mitglieder der zahlreichen nationalsozialistischen Verbände, nicht nur der Partei an sich, in den zwölf Jahren des »Tausendjährigen Reichs« verhalten hatten. Ob sie nun als »Hauptschuldige« oder »Belastete« (mit Unterteilung nach Aktivisten, Militaristen und Nutznießer), als bloße »Mitläufer« oder gar als »Entlastete« einzustufen waren.

Wer irgend etwas im Nachkriegsbayern

Spruchkammern sollten zwischen großen Nazis und Mitläufern unterscheiden. Nicht immer gelang das.

werden wollte, hatte ohnehin schon den sich über acht DIN-A4-Seiten hinziehenden berüchtigten »Fragebogen« ausfüllen müssen – einen Babelschen Turmbau der Besatzerbürokratie. 131 Fragen waren da unter Strafandrohung bei unrichtigen Angaben zu beantworten. Gerade noch, daß nicht anzugeben war, ob man je neben einem BDM-Mädchen, respektive einem Alt-Parteigenossen im Bett gelegen hatte. Und nun hatte jedermann ohne Ausnahme auf einem »Meldebogen« auch für deutsche Behörden zu gestehen, wie er es denn mit den Nazis gehalten habe. Das dann eventuell folgende Spruchkammerverfahren geriet häufig zur Groteske. Nicht nur, weil es nicht ausreichend Juristen ohne NS-Parteiabzeichen gab, die als Kammervorsitzende fachlich korrekt fungieren konnten, sondern auch, weil die Beschuldigten meist jede Menge weißwaschender »Persilscheine« anbrachten. Wer einen alten Sozi, einen Kommunisten oder gar einen Juden als Leumundszeugen vorweisen konnte, war fein heraus. »Mitläufer« wurde die häufigste Einstufung für ehemalige Parteigenossen. Auch ein gewisser Ferdinand Weisheitinger, besser bekannt als Weiß Ferdl, der die ganze Nazizeit hindurch im »Platzl« seine geduldete Gaudi gemacht hatte, kam dank

Persilscheinen mit diesem Verdikt und 2000 Reichsmark Bußgeld davon.

Aber wie das Leben so spielt: Nicht wenige der »Mitläufer« wurden einige Jahre später zu bedeutenden »Mitanschiebern« in Wirtschaft, Industrie und sogar Politik. Und auch der Weiß Ferdl war bald wieder obenauf: Mit seinem so treffend zeitkritischen, noch heute gern gehörten Lied »Ein Wagen von der Linie 8«.

Ein Pfund Butter für 120 Mark

Die Hoffnung, daß der zweite »Friedenswinter« für die geschlagenen Deutschen gnädiger verlaufen möge als der erste, trog gewaltig. Trotz mancher Ansätze zur

Normalisierung ging's bergab. Wenigstens für die meisten.

Schon ab Mitte Dezember lag Schnee, es war eiskalt, bis zu 20 Grad minus. In den Wohnungen saß man stundenlang ohne Strom, die Kohlezuteilung pro Person und Monat betrug ganze 25 Pfund, aber auch das nur auf dem Papier. Holzeinschlag-Aktionen in Oberbayerns Wäldern, zu

Der Tod fuhr mit: überfüllte Trambahn vor Münchens Altem Rathaus.

denen man ehemalige Parteigenossen ebenso zwangsverpflichtete wie ausweislos angetroffene Personen, konnten die »Heiz-Lücke« nicht schließen. Die allein für München benötigten 700 000 Ster Holz wurden nie erreicht.

Während des Krieges hatte ein Plakat vor Energieverschwendung gewarnt. Ein Mann mit Augenklappe schlich sich mit einem Riesensack auf dem Rücken davon: der »Kohlenklau«. Jetzt war Goebbels Propagandafigur hunderttausendfach am Leben: Kohlenzüge aus dem Ruhrgebiet, meist für die Besatzungsmacht bestimmt, wurden auf Abstellgleisen oder bei langsamer Fahrt auch unterwegs geentert, die Briketts runtergeworfen, unten aufgesammelt. Auf der Zettelbörse – den überall an Holzwänden angehefteten unzähligen Such-und-Tausch-Anzeigen – war nicht selten zu lesen: »Brauche Heizmaterial, biete Tabakration«. Oder auch alles mögliche sonst.

Statusreport der Münchner Verkehrsbetriebe, gegen Ende des »ersten vollen Friedensjahres«, zum Winteranfang 1946/47. Mit den Trambahnwagen, manchmal noch immer mit Sperrholzblenden statt Glasfenstern, wurden 70 Prozent mehr Personen befördert als vor dem Krieg. Und das mit nur einem Viertel des einstigen Bestandes, der sich nach Einbruch der Dunkelheit noch weiter reduzierte, weil keine Glühbirnen zur Beleuchtung da waren.

An den ständig überfüllten Zügen hingen dicke Menschentrauben an den Trittbrettern, denen selbst die rigorose US-Militärpolizei auch dadurch nicht Herr werden konnte, daß sie den Männern im Vorbeifahren die Hüte vom Kopf schlug. Allein im Herbst 1946 stürzten 14 »Fahrgäste« von Trittbrettern oder Wagenkupplungen in den Tod. 95 wurden schwer verletzt.

Die als Befreier eingerückten und als

Hunger und Kälte im zweiten Friedenswinter 1946/47 – beide Plagen waren gleich schlimm.

Besatzer gebliebenen Amerikaner waren für die bayerische Bevölkerung noch immer janusköpfig, hatten weiterhin zwei Gesichter. Schon im Winter 1945/46 hatten sie Kleinhaussiedlungen im Münchner Norden, wie etwa Altenherberg, binnen Stunden für »verschleppte Personen«, DPs genannt, freigemacht. Was übrigens, ich erinnere mich noch genau, den Fahrer, mit dem ich schmutzige Soldatenwäsche zur Reinigung zu bringen hatte, maßlos empörte, als er die rausgeschmissenen Frauen und Kinder mit ihrem Bettzeug in der Kälte sah. Er war ein Private First Class, vergleichbar einem deutschen Obergefreiten, kam aus Pittsburgh in Pennsylvania, und seine Großeltern stammten aus Schlesien.

Die Amerikaner selbst richteten sich in

besseren Wohnvierteln ein. In Harlaching hatten sie erst mal Stacheldraht um beschlagnahmte Villen gezogen, um Platz für die aus den USA nachgezogenen Familienangehörigen der Offiziere und Zivilbeamten zu schaffen. 348 Häuser wurden da beschlagnahmt, 2028 Personen ausquartiert – beileibe nicht etwa nur Exparteigenossen. Obermenzing, Solln, Ludwigshöhe folgten und auch Wohnhäuser in Schwabing. »Die Bevölkerung ist stark beunruhigt«, vermerkt die Stadtchronik und verzeichnet allein für den Oktober 46 Selbstmorde. Oberbürgermeister Scharnagl wurde wieder einmal beim »Military Government« vorstellig. Und abgeschmettert.

Doch da gab es auch ein anderes Amerika. Erste CARE-Pakete kamen an, 44 Pfund schwer. Mit jeweils zehn durchschnittlichen Tagesrationen von US-Bürgern, zusätzlich Seife und Zigaretten. Und es gab vorweihnachtliche Sonderzuteilungen für Kinder: Erdnußbutter, bislang unbekannt, doch wohlschmeckend und kalorienreich. Manche Einheiten – da kam es auf den Kommandeur an – bescherten Kinder mit nie gesehenen Herrlichkeiten wie Orangen oder Bananen. Und mit Schokolade, deren Schwarzmarktpreis inzwischen pro Tafel auf 60, ja bis zu 100 Mark geklettert war. Das Pfund Butter, nebenbei, kostete 120 Mark.

Jene charmanten »Fräuleins«, mit denen es GIs wenigstens halbwegs ernst meinten, hatten übrigens beste Aussichten auf prächtige Silvesterfeiern zum Jahreswechsel 1946/47. Für den Zutritt zu US-Army-Clubs wurde für »nichtamerikanische Damen« ein »Gesellschafts-Ausweis« eingeführt. Er wurde nach Ausfüllung eines Formulars und »kurzem Verhör« im Polizeipräsidium ausgestellt. Wer freilich je die »Tripperburg«, den Krankenhausbau an der Schwabinger Dietlindenstraße, von innen gesehen hatte, blieb chancenlos.

Intrigen kippen den Ochsensepp

Es ist saukalt, und die meisten der 175 Männer und fünf Frauen, die sich in der Aula der Münchner Universität zur Konstituierung des ersten Bayerischen Landtags seit 1933 versammelt haben, tragen dicke Wintermäntel. Michael Horlacher, soeben zum Präsidenten des frierenden Hohen Hauses gekürt, donnert: »Es ist streng untersagt zu rauchen. Wir sind hier nicht in einem gewöhnlichen Lokal.«

Sechzehn Tage zuvor, am denkwürdigen 1. Dezember 1946, an dem auch die heute noch gültige Verfassung des Freistaates Bayern eine Zustimmung von 70,6 Prozent fand, waren die Abgeordneten gewählt worden. Nur ganze 22 von ihnen waren unter 40 Jahre alt, waren also unmittelbar der »Kriegsgeneration« zuzurechnen.

Satte 52,3 Prozent der Stimmen hatte die noch kein Jahr existierende Christlich-Soziale Union errungen. Nur 28,6 Prozent die alte, seit Kaisers Zeiten bestehende Sozialdemokratische Partei. Dementsprechend nahm die CSU 104 der 180 Landtagssitze ein, die SPD 54, die Freie Demokratische Partei neun. 13 Mandate fielen überraschend an die mit giftgrünen Wahlplakaten angetretene Wirtschaftliche Aufbau-Vereinigung (WAV).

Alles klar: Die CSU konnte mit dickem

Polster allein regieren. Ihr Mitbegründer und Landesvorsitzender Dr. Josef Müller, 48, Oberfranke, Rechtsanwalt und Widerständler gegen Hitler, der knapp dem Galgen entgangen war, durfte sich als künftiger Ministerpräsident fühlen. Sein Spitzname seit Studentenzeiten: »Ochsensepp«.

Doch es kam alles anders. Denn schon am Anfang des neuen Freistaates standen Intrigen. Sie kamen aus der eigenen christlich-sozialen Partei, von deren erzkonservativen Flügel um den doppelten Doktor Alois Hundhammer. Der war vor 1933 Landtagsabgeordneter der Bayerischen Volkspartei gewesen und mißtraute dem eher liberalen und als »Zentralist« geltenden Ochsensepp aus mancherlei Gründen.

Auch den zwei Münchner Zeitungen war der CSU-Chef offenbar nicht recht willkommen. »Wie Dr. Müller Gestapo-Protokoll gegen Nichtarier verwendete« hatte der »Münchner Mittag« schon vor der Landtagswahl seine Seite eins übertitelt. Und damit einen uralten Rechtsstreit, den der Anwalt Müller 1933 geführt hatte, wieder aufgewärmt.

Als es am 21. Dezember, einem Samstag, in der noch immer eisigen Aula zum Schwur kam, fiel Josef Müller im ersten Wahlgang glatt durch: SPD und ein großer Teil der eigenen CSU-Fraktion hatten gegen ihn gestimmt. Wütend verließ der Ochsensepp mit 27 seiner engsten Parteifreunde den Sitzungssaal.

Ministerpräsident wurde ein Überraschungskandidat: Dr. Hans Ehard, bis dahin Justiz-Staatssekretär in der von den Amerikanern berufenen Regierung Hoegner.

Einst hatte er als junger Staatsanwalt die Hochverratsanklage gegen den Putschisten Adolf Hitler von 1923 mitvertreten. Daß er nach 1933 einer Kammer vorsaß, die nach dem »NS-Erbhof-Gesetz« zu richten hatte, wurde ihm nicht angelastet. Er saß, nach eigenen Angaben, im hinteren Teil der Aula »mit Mantel und hochgeschlagenen Kragen an einen Heizkörper gelehnt«. Und auf einmal war er mit 121 von 147 abgegebenen Stimmen zum Regierungschef gewählt. »Ich nehme trotz schwerer Bedenken an«, sagte er. Und: »Ich bin ein Mann des Rechts.« Das blieb er denn auch.

In seiner Regierungserklärung vom 10. Januar 1947 stand an erster Stelle die

Noch lauter schlanke Herren. Regierungschef Ehard (CSU, Mitte) mit seinen Ministern (v. li.): Baumgartner (CSU, Landwirtschaft), Roßhaupter (SPD, Arbeit), Hundhammer (CSU, Kultus), Seifried (SPD, Innen), Hoegner (SPD, Justiz), Loritz (WAV, Entnazifizierung).

Fiel durch: der »Ochsensepp«.

Alleinverantwortung der CSU. Er band die Sozialdemokraten mit in die Regierung ein. Vorgänger Wilhelm Hoegner wurde sein Stellvertreter und Justizminister. Und auch die demokratische Frühgeburt WAV nahm Ehard mit in die Koalition und ins Kabinett. Alfred Loritz, den seltsamen Agitator, von dem bereits die Rede war, ernannte er zum »Sonderminister für Entnazifizierung«, was sich schon ein halbes Jahr darauf als arger Fehlgriff erweisen sollte.

Und wo und wer war die Opposition, die doch, wie die Amerikaner lehrten, unverzichtbarer Bestandteil der neuen Demokratie ist? Sie bestand aus ganzen neun Mann, den Freien Demokraten. Neun gegen 171! Doch fast alle davon waren fulminante Streiter. Einer davon hieß Dr. Thomas Dehler.

Übrigens war damals zu lesen, daß die US-Army in der Wüste von New Mexico eifrig und erfolgreich mit erbeuteten deutschen V-2-Raketen experimentierte. Was etliche, die gerade wegen Mitarbeit an Hitlers »Vergeltungswaffen« hierzulande noch immer in »Automatischem Arrest« gehalten wurden, nun doch etwas in Zweifel stieß.

»Flüchtlingsfrage«. Denn fast zwei Millionen meist unter unmenschlichen Bedingungen vertriebene Deutsche, vor allem aus dem Sudetenland, waren nach Bayern geströmt. Der Sprung von sieben auf neun Millionen Einwohner schaffte Probleme, die fast unlösbar schienen.

Nicht zuletzt deshalb scheute Ehard eine

Im Backrohr schmorte vor allem der Tabak

Wissen Sie, was eine Bizone ist? Klingt beinahe ein wenig erotisch, war aber was rein Wirtschaftliches. Und rief dennoch Erregung hervor.

James Francis Byrnes, einer der bedeutendsten Außenminister der US-Ge-

schichte, hatte schon Anfang September 1946 in seiner berühmten »Stuttgarter Rede« Weichen gestellt. Hatte, 67 Jahre alt, das Ruder vom Kurs Verdammnis auf Kurs Wiederaufbau Deutschlands herumgerissen. Wenigstens für dessen westlichen Teil. Byrnes war in Jalta dabeigewesen, hatte Stalins Worte besser verstanden als sein kranker Präsident Franklin D. Roosevelt. Und er ahnte schon, wie tief ein Schnitt durch Deutschland Europa bald teilen würde.

Erste Konsequenz war die Bizone, der zum 1. Januar 1947 wirksame Zusammenschluß der britischen Besatzungszone im Norden und der amerikanischen im Süden. Rein praktisch, wirtschaftlich, versorgungsmäßig. Von späteren politischen Strukturen war noch nicht die Rede.

Aber nun konnte man wenigstens mit dem Zug von München nach Hamburg fahren, ohne am »Zonen-Grenzbahnhof« Eichelberg peinlich kontrolliert zu werden.

Die Franzosen, die sich aus der ursprünglich amerikanischen Besatzungszone ein Stück im Südwesten Deutschlands herausschneiden durften, gaben sich spröde.

Sie wollten – heute längst vergessen – erst einmal ihr Besatzungsgebiet allein ausbeuten. Kompensation der Grande Nation für die 1940 binnen sechs Wochen durch die Wehrmacht zugefügte totale militärische Niederlage.

Sie sträubten sich also, die Franzosen. Doch mit Sitz in Frankfurt wuchs – immer noch unter Argusaugen der britisch-amerikanischen Militärgouverneure – so etwas wie eine zentrale deutsche Verwaltung heran: für Wirtschaft, Verkehr, Ernährung, Finanzen. Ein vorzeitiger Embryo der Bundesrepublik.

Der Bayerische Landtag, kaum geboren,

Mit der Würde war's sehr schnell dahin, wenn die langen Kippen der amerikanischen Zigaretten lockten.

»Zigarettenfabrik« in der Küche: Jeder hatte sein eigenes Rezept.

setzte sogleich einen Untersuchungsausschuß ein, der die auf die Jahre 1945/46 datierten »Mißstände im Bayerischen Wirtschaftsministerium« aufklären sollte. Da war in der allerersten Nachkriegszeit manch Obskures gelaufen bei der Verwaltung von wichtigen Versorgungsdepots.

Ich war als Reporter des »Münchner Mittag« dabei, als der in einem klapprigen Omnibus angereiste Ausschuß ein unter seltsamen Umständen abgebranntes großes Materiallager in der Nähe von Straubing begutachtete. Viel Erhellendes erbrachte die Visite nicht, aber ich konnte immerhin zwischen Schutt und Asche noch ein paar Korkstücke finden, die sich als Schuhsohlen für meine Freundin eigneten. Und außerdem gab es dann in einer Wirtschaft ein gutes markenfreies Essen für die Abgeordneten.

Der Mann, der in der noch völlig unter US-Kuratel stehenden Regierung Hoegner im Jahr 1946 Wirtschaftsminister ohne viel Wirtschaft gewesen war und nun sozusagen auf der Anklagebank des Untersuchungsausschusses saß, hatte recht eingefallene Backen und rauchte weit miesere Zigarren als später. Er hieß Ludwig Erhard, der später zum »Vater des Wirtschaftswunders« werden sollte. Doch dahin war noch ein arg langer Weg. Obwohl 1947, von heute gesehen, die alliierte Besatzungspolitik schon den Durchbruch zu einer späteren Partnerschaft mit den Deutschen einleitete, wurde das Jahr für Millionen Deutsche doch zum schlimmsten und entbehrungsreichsten der Nachkriegszeit.

Tagesration eines Münchners, April 1947, laut offizieller Markenzuteilung: 21,4

28

Gramm Fleisch oder Wurst, 7,1 Gramm Fett, 214 Gramm Brot und beinahe ein Pfund Kartoffel. Wenn man sich damals nicht mehr recht an irgendwas erinnern konnte, hieß es: »Ja, ja, das Gehirn, der Zucker fehlt halt!« Von ihm stand, auf den Tag gerechnet, jedem 17,4 Gramm zu.

Tabak für die Raucher, und wer rauchte damals nicht?! Zuteilung minimal, Selbstversorgung großgeschrieben. Wer ein kleines Stück Land hatte oder wenigstens einen Balkon, zog Tabakpflanzen, kaum für unser Klima geeignet. Kaum abgehängt und getrocknet wurden die Blätter »fermentiert« – im Backrohr des Küchenofens, nach geheimnisvollen Rezepten. Vorndran, wer etwas Kunst- oder gar Bienenhonig zwischen die gärenden Blätter schmieren konnte. Das schuf Aroma.

Die aus solcher Eigenproduktion gerollten Zigaretten konnten freilich keinen Vergleich mit den »Aktiven« aushalten, den armselig gemischten, die noch aus deutschen Beständen zugeteilt wurden, oder gar den virginia-köstlichen »Amis«. Selbst deren Kippen, irgendwo aufgesammelt, wurden Schätze. Wenigstens für die, die sich danach bückten.

Unversehrte Packungen aus Amerikas Tabakindustrie wurden von Monat zu Monat teurer. Die schwindsüchtige alte Reichsmark wurde mehr und mehr durch die »Zigarettenwährung« ersetzt. Und der Schwarzmarkt blühte wie nie.

Die Amis legen Bayern trocken

»Autofreie Sonntage« gab es erst später, nach dem Nahostkrieg 1967, als das Rohöl knapp wurde. »Trambahnfreie Sonntage« aber waren 20 Jahre vorher üblich. Da blieben alle Wagen wegen dringend notwendiger Reparaturen in den Werkstätten. Umsteigen auf Autos war Illusion, denn die hatten Seltenheitswert. Ihre neu eingeführten Kennzeichen waren schwarz und trugen in weißer Schrift ein BY vor der Nummer. Diese Kennung für »Bayern« hatte die alten Zeichen abgelöst: IIA für München, IIB für Oberbayern, IIC für Schwaben.

Die wenigen, die noch einen fahrbaren Untersatz aus der Vorkriegszeit gerettet hatten, taten sich etwas leichter, wenn sie als Städter versuchten, draußen auf dem Land die magere Nahrungsmittelration für die Familie aufzubessern. Sie mußten nicht wie die meisten anderen mit der Bahn oder dem Radl und großen Rucksäcken losziehen – leicht als »Hamsterer« identifizierbar. Aber Hamstern war, wenn auch strafbar, nicht ehrenrührig. Es war lebensnotwendig.

Man brachte zu den Bauern, was entbehrbar war – und was diesen, die ja an strenge Ablieferungsquoten gebunden waren, wertvoll genug erschien, es mit Butter, Eiern oder einem schönen Stück Geräuchertem aufzuwiegen. Tafelsilber, Grammophone, Chinavasen, Goethes und Schillers gesammelte Werke, ja sogar Lenbachs und Leibls traten die Wanderung an. Daß die Kuhställe mit Perserteppichen ausgelegt wurden, war freilich nur böses Gerede.

Tatsache blieb: Der Tauschhandel blühte wie zur Steinzeit. Doch da gab es auch noch anderes: Die Holzbauern im oberen Isartal um Lenggries stifteten Holz für einen neuen Dachstuhl der abgebrannten Münchner Frauenkirche. Im April 1947 landete das erste Floß in Thalkirchen.

Dem neuen Landtag machte nicht nur der

Schwarzhandel und Hamsterkäufe führten zu Dauereinsätzen der Polizei. Bei Straßensperren galt meist: Die »Kleinen« werden ertappt, die »Großen« erwischt man nicht.

schwarze, sondern vor allem der offizielle Markt größte Sorgen. Die Militärregierung befahl für den Juni die Lieferung von 65 000 Stück bayerischen Großviehs und einer Million Zentner Kartoffeln nach Norddeutschland. Vor allem ins Ruhrgebiet, wo hungernde Kohlenkumpel bereits gegen die knausrigen Bayern demonstriert hatten. Und, noch schlimmer: Die Amis verhängten ein totales Brauverbot! Das ließ die Abgeordnetenseelen quer durch die Fraktionen schäumen. Präsident Michael Horlacher (CSU) wetterte gegen die »Trockenlegung Bayerns«, weil nämlich »die Bierfrage mit zur entscheidenden Frage unseres Volkes gehört«. Und Thomas Wimmer (SPD), damals Zweiter Bürgermeister Münchens, setzte noch einen drauf: »Sie werden schon sehen, wo wir hinkommen, wenn es in Bayern auch

noch mit einer solchen Flüssigkeit aus ist!« Gemeint war, wohlgemerkt, der »Plempel«, das bis dahin gestattete Dünnbier, Stammwürzegehalt 1,7 Prozent. Vollbier gab es nur für die Besatzungsmacht, und die ließ für sich weiterbrauen. Hans Ehard, den neuen Ministerpräsidenten, trieben die wirtschaftliche Lage, das Elend der Flüchtlinge und Vertriebenen und die Aussicht auf einen weiteren Hungerwinter um. Er lud die Regierungschefs der inzwischen schlecht und recht formierten 17 deutschen Länder für den 6. Juni 1947 zum ersten gemeinsamen Treffen in seine Staatskanzlei an der Prinzregentenstraße ein.

Sie kamen alle – sogar die fünf aus der sowjetischen Besatzungszone, die damals schlicht »Ostzone« hieß. Das waren damals (ihre Namen sind längst vergessen) durchaus noch nicht alle stramme Kommunisten. Aber die Fuchtel der Sowjetbesatzungsmacht und der Sozialistischen Einheitspartei Deutschlands (SED) war dennoch voll spürbar: Die Herren reisten noch in der ersten Nacht, noch vor dem Beginn der eigentlichen Konferenz, wieder ab, weil sie ihren Vorschlag für die Tagesordnung nicht durchsetzen konnten. So blieben die »Westler« unter sich, und die elf Resolutionen zur Verbesserung der Lage, die sie faßten, nahmen auch nur die westalliierten Militärregierungen mehr oder weniger zur Kenntnis.

Der »Münchner Mittag«, der sich inzwischen einen ansehnlicheren Zeitungskopf zugelegt hatte, konnte Interessantes aus Bad Tölz melden: Wilhelm Pieck, 71, Vater und Mitvorsitzender der SED, hielt sich dort vor, während und nach der Konferenz »zur Erholung« auf. Jodkur für ein geschwächtes Altkommunisten-Herz?

Pieck, den Moskau vielleicht schon damals als Präsidenten einer späteren DDR im Auge hatte, war übrigens bereits im April zusammen mit dem für die SED eingefangenen SPDler Otto Grotewohl in München aufgetreten: bei einer KPD-Kundgebung vor der Feldherrnhalle, mit Genehmigung der US-Militärs. Wenn das keine Demokratie war, damals . . .

Ein Minister verliert den Kartoffelkrieg

Regierungskrisen hatten im Freistaat Bayern in den letzten 50 Jahren Seltenheitswert. Doch 1947, gleich zu Anfang des Kabinetts Ehard Nummer eins, knisterte es gewaltig im Gebälk. Die Turbulenzen begannen mit Alfred Loritz, dem demagogischen und exaltierten Vorsitzenden der Wirtschaftlichen Aufbau-Vereinigung (WAV), von dem hier schon mehrfach die Rede war. Ministerpräsident Hans Ehard hatte ihn zum »Sonderminister für Politische Befreiung«, sprich Entnazifizierung, gemacht, was Loritz geschickt für eigene parteipolitische Zwecke zu nutzen wußte. Auch in den Internierungslagern, etwa Moosburg oder Nürnberg-Langwasser, in denen noch immer ungefähr 15 000 ehemalige NS-Prominente oder wen man dafür hielt, in »Automatischem Arrest« saßen. Den Amerikanern mißfiel das, und Loritz mußte vor dem Landtag eine erste Niederlage einstecken.

Ein paar Wochen später – eine Rebellion in der WAV gegen Loritz war vorausgegangen – entläßt der Ministerpräsident seinen »Befreiungsminister«, dessen Amtsräume werden von der Polizei durchsucht. Von da an gerät die Krise zur Politkomödie.

Begabter Demagoge: Der WAV-Vorsitzende und geschaßte »Befreiungsminister« Alfred Loritz bei einer seiner aufpeitschenden Reden.

Leben auf engstem Raum: Das Elend von zigtausenden Vertriebenen und Flüchtlingen war nur eines der vielen großen Probleme für die bayerische Staatsregierung im Jahre 1947.

Während die Militärregierung die von ihr am 11. Mai befohlene »Doppelte Sommerzeit« – noch um 23 Uhr war es hell – Ende Juni wieder zurücknimmt, läuft Loritz zum großen »Oppositionsführer« auf. Jetzt ist er Schutzherr der »kleinen Parteigenossen«, dem es als Minister nur verwehrt wurde, die Entnazifizierung schnell abzuschließen. Für Schieber und Schwarzhändler hält er die Todesstrafe angebracht.

Nach einer Rede vor 20 000 Zuhörern auf dem Königsplatz wurde er auf den Schultern begeisterter Anhänger zur Haltestelle der Trambahnlinie 2 am Karolinenplatz getragen. Und damit der Volkstribun auch wirklich mitkam, hängten – ich war Augenzeuge – seine Fans das »Stangerl« (so hieß damals der Stromabnehmer der Tram) aus und fädelten es erst wieder ein, als der Held von der Plattform herunter-

winkte. Daß er zwei Stationen weiter ins Auto umstieg, merkten nur die Journalisten.

Der Landtag hob die Immunität auf, Loritz wurde wegen Benzin-Schiebereien, Anstiftung zum Meineid und anderer Verdachtsmomente verhaftet. Nicht als einziger bayerischer Exminister, wie sich viele Jahre später zeigen sollte . . .

Aus einer Sonderzelle in Stadelheim wurde er ins Privatkrankenhaus Carolinum verlegt, wo er einem biederen Bewacher Zahnweh vorschützte und in den Untergrund und zeitweilig in die Schweiz abtauchte. Ein Jahr lang narrte er die bayerische Polizei, bis er in Frauenkleidern bei einem Geheimtreff an der Bavaria festgenommen und vor Gericht gestellt wurde. Doch der Clown der jungen Demokratie tauchte als Stehaufmännchen auch später immer wieder auf.

Wesentlich schwerer als die Loritz-Burleske wog die nächste Krise: Die SPD kündigte am 15. September die Koalition auf, ihre Minister und Staatssekretäre verließen die Regierung. Im »Münchner Mittag« begründete Waldemar von Knoeringen, der als Nachfolger Wilhelm Hoegners dynamischer SPD-Landesvorsitzender geworden war, den Schritt mit der »zögernden Haltung der CSU in allen Fragen der sozialen Neugestaltung«. Und der innenpolitische Redakteur der Zeitung, Werner Runge, bescheinigte »dem mutigen Schritt volle Anerkennung«.

Nun standen Ehard und seine CSU allein in der Verantwortung gegen SPD, FDP und die Skandalpartei WAV. Und der Opposition flogen in dieser Notzeit die Themen ja nur so zu, mit denen man auf die Regierung einhämmern konnte: Flüchtlingselend, Hunger, Schiebereien und zu große Nachgiebigkeit gegen Anordnungen der von den Militärregierungen eingesetzten Zweizonenverwaltung in Frankfurt.

Und so traf denn noch vor Jahresende 1947 die Regierung Ehard ein dritter Schlag. Dr. Joseph Baumgartner, Landwirtschaftsminister seit der ersten Stunde, warf das Handtuch. Er war im »Kartoffelkrieg« mit Frankfurt (es handelte sich um zu hohe Lieferungen Bayerns an andere Länder) unterlegen. Und er meinte, seine eigene Partei habe ihm nicht genügend Feuerunterstützung gegeben. Noch ahnte die CSU nicht, welche Demütigungen ihr Baumgartners Aufgabe in den nächsten zehn Jahren bereiten sollte.

Doch neben so vielen politischen Lernprozessen gab es seinerzeit auch Amüsantes: eine »Sittlichkeits-Affäre« um Münchens CSU-Oberbürgermeister Dr. h. c. Karl Scharnagl. Das Stadtoberhaupt hatte als Gast und Förderer der »Osiris«, eines Vereins für Körperkultur, »ohne die vorgeschriebene Badebekleidung« im Becken des stadteigenen Nordbades geplanscht. Der streng katholische Flügel seiner Partei war zu höchst empört, aber Nacktbader Scharnagl durfte mit kirchlicher Nachsicht als OB weiterschwimmen. Freilich nur mit Badehose.

Langes Warten aufs neue Geld

Über eins waren sich alle einig, Regierende wie Regierte, Hamsterer wie Schwarzhändler: So konnte es nicht weitergehen, die »neue Währung« mußte und würde kommen. Heuer, in diesem Jahr. Das Jahr schrieb sich 1948.

Ist es ein Hoffnungszeichen, daß in diesem Januar und Februar in München 710 Faschingsveranstaltungen stattfinden gegenüber nur 280 im Vorjahr? Ist es ein Zeichen von Normalisierung, daß der »Münchner Merkur« (wie der »Mittag« von nun an heißt) seine Leser zum ersten Mal »Sportler des Jahres« wählen läßt?

Fast schien es so. Doch als der Fasching zu Ende war – ausgerechnet den Rosenmontag hatte sich der halbverhungerte Karl Valentin, 66, als Sterbetag ausgesucht – waren alle alte Sorgen der deutschen Bevölkerung wieder doppelt und dreifach da. Und neue weltpolitische Probleme kamen drohend hinzu.

Polen, den ganzen Balkan und die Sowjetzone Deutschlands hatte Josef Stalin als wahrer Sieger des Zweiten Weltkriegs bereits im Griff. Nun usurpierten die Kommunisten in der Tschechoslowakei die Macht. Und wie 1618 zwei kaiserliche

Räte erlitt auch der demokratische Außenminister Jan Masaryk in Prag einen geheimnisvollen Fenstersturz. Seinerzeit Auftakt zum Dreißigjährigen Krieg, jetzt der Beginn eines kalten Krieges auf 40 Jahre hinaus. Winston Churchills Wort vom »Eisernen Vorhang« wurde zum Begriff.

Mehr als fünf Milliarden Dollar pumpten die USA mit dem »Marshall-Plan« in das verelendete Westeuropa, um es immun gegen den Kommunismus zu machen. Zehn Prozent davon flossen in die Westzonen Deutschlands, doch zunächst war nicht viel davon zu spüren. Johannes Semler, der Wirtschaftsdirektor der Bizone, wagte herbe Kritik an der alliierten Siegerpolitik, nannte die amerikanischen Maislieferungen »Hühnerfutter«.

Er wurde prompt gefeuert. Sein Nachfolger hieß Ludwig Erhard, dem ein Untersuchungsausschuß des Bayerischen Land-

Deutsche Ehefrauen sehr begehrt: Ein Offizier der US-Army wird in der Lukaskirche mit einer schönen Münchnerin getraut.

tags wenige Monate zuvor rigoros die Fähigkeit abgesprochen hatte, »das Amt eines Wirtschaftsministers zu bekleiden«.

Was das Zwischenmenschliche anlangt, hatten sich die anfangs schwierigen Verhältnisse längst reguliert. Amerikanische Soldaten nahmen deutsche Frauen als bevorzugte »Kriegsbräute« mit zurück in die Staaten. Und in München gab es dabei wieder mal eine Premiere: die erste »Telefon-Trauung« zwischen Bayern und Texas.

Die Braut hieß Carola Schmalzbauer, war 21 und zufällig eine meiner frühen Jugendfreundinnen. Also wartete ich als Trauzeuge geduldig mit ihr zwei Tage lang viele Stunden im Kongreßbau des Deutschen Museums bis endlich die Kabelverbindung mit einem gewissen Captain Ian Thompson-Bowers klappte, der hier mal MP-Chef gewesen war. Eine glückliche Ehe, nebenbei bemerkt, die hielt, bis Carola vor drei Jahren in Oakland/Kalifornien starb. Und bald nachdem ich dem längst pensionierten US-Offizier geholfen hatte, die im Flugzeug mitgebrachte Asche seiner geliebten Frau deren Wunsch gemäß in die Isar zu streuen, ging auch er . . .

Doch zurück zur Zeit vor Jahrzehnten, als alles auf das »neue Geld« wartete. Damals, als Amerikaner und Engländer und schließlich sogar die Franzosen anfingen, immer schneller über einen neuen deutschen Staatenverband der schon geduldeten Länder nachzudenken. Mit ständiger Annäherung an einen »Tag X«, der irgendwie, das schwante allen, irgendwann in der Mitte des Jahres hereinbrechen würde wie der Beginn eines neuen Zeitalters.

Doch zunächst bedeutete Alltag noch immer, daß es nicht gab, was es eigentlich geben sollte und was jedermann behörden- und markenmäßig »zustand«. Das

Der Schwarzmarkt ist nicht totzukriegen: Münchens Polizeipräsident Pitzer inspiziert persönlich die Zigaretten-Beute einer Razzia.

waren, der Münchner Stadtrat legte es anläßlich einer Hungerdebatte in Tagesfetzen aus: 3 Gramm Fleisch, 2 Gramm Käse, 4 Gramm Kaffee-Ersatz, 13 Gramm Fett, 10 Gramm Frischfisch, 32 Gramm Trockenfrüchte, 58 Gramm Zucker und ganze 258 Gramm Brot.

Die »neue Währung« kommt. Ganz sicher. Jeder richtet sich darauf ein wie immer möglich. Auf dem Schwarzmarkt überschlagen sich die Preise, die Einzelhändler halten zurück, was sie haben und was später hartes Geld bringen kann. Aus den riesigen Versorgungslagern der Besatzungsmacht wird alles »organisiert«, was bald noch wertvoller sein wird als jetzt auf dem Schwarzmarkt.

Einer meiner Schulfreunde, kriegserfahrener Oberjäger von der 1. Gebirgsdivision, arbeitete damals im »Indiana-Depot« an der Münchner Dachauer Straße. Und er sagte, die tollste Tour, geklauten Ami-Kaffee durch die Kontrollen zu bringen, sei gewesen, den Rahmen eines Fahrrads mit Bohnen zu füllen.

Doch jetzt, nach alledem, nach allem Schwindel und Handel, war die alte Reichsmark beerdigungsreif. Für jede einzelne Ami-Zigarette, die ich mir nach entsprechender rauchloser Pause genehmigte, ging ich die Jugendstiltreppe des Pressehauses runter zum Portier an der Bayerstraße und legte ihm fünf Papiermark hin.

Mit dem großen Regen kam die Wundermark

Alle ahnten es, alle erwarteten es, und da und dort sah man auch schon von US-Soldaten oder deutschen Polizisten schwerbewaffnet begleitete Geldtransporte. Alle wußten, jetzt ist es gleich soweit. Aber ein klein wenig mehr wußten wir Journalisten doch noch, wenigstens was Einzelheiten der ersehnten und vielleicht auch befürchteten Währungsreform anlangte. Als eine Art »geheime Kommandosache« hatte die Militärregierung am Freitag abend, es war der 18. Juni 1948, den Redaktionen den genauen Ablauf des Geldumtausches mitgeteilt. Am Vormittag darauf kamen wir mit Extraausgaben auf die Straße, die Redakteure waren Verkäufer.

In einem altmodischen dunkelblauen Lieferwagen war ich mit Chefredakteur Felix Buttersack im Osten der Stadt unterwegs. Man riß uns die Blätter aus den Händen, sie kosteten 20 Reichspfennig. Doch Münzen gab es kaum noch, und so warf man uns Scheine von bis 10 Mark zu, nur um ein Exemplar zu ergattern. Das alte Geld war ja ohnehin kaputt ...

Es war ein ungemein heißer und schwüler Tag, und der Chef spendierte uns, nachdem wir ausverkauft waren, am Max-Weber-Platz ein wäßriges Erdbeereis. Später dann, weil wir wußten, daß Münzen und die abgegriffenen Ein-Mark-Scheine weiter gültig blieben, wenn auch nur zu einem Zehntel ihres Werts, tauschten wir bei der Abrechnung das Kleingeld gegen eigene größere Markscheine: Wir waren tolle Währungsgewinnler so mit drei oder fünf Mark, aber dafür würde es hoffentlich bald mehr als zwei Zigaretten geben ...

Der Sonntag, der 20. Juni, brachte in München und Südbayern nach der Schwüle des Vortags Regen, Regen, Regen. Unter Schirmen standen endlose

Teure Eier und billige Schwammerl

Es wurde Zeit für die Bildung eines neuen deutschen Staates. Die Sieger des Zweiten Weltkriegs, auf vielen Konferenzen zerstritten darüber, wie ein ursprünglich ja vereinbartes Restdeutschland denn aussehen sollte, gingen immer deutlicher getrennte Wege. Gefährliche, wie es schien.

Zwei verschiedene Währungen in West und Ost, ein geteiltes, in seinem westlichen Teil nur aus der Luft versorgbares Berlin. Es pressierte. Vor allem im Westen, wo man eine Bedrohung immer konkreter erkannte, die man nach dem Triumph über Nazi-Deutschland zunächst nicht hatte sehen wollen. Die im Osten konnten ruhig abwarten. Konnten ihre Karten aus der Hinterhand spielen.

Auf Herrenchiemsee, im alten verwinkelten Schloß, nicht etwa im Prunkbau Ludwig II., tagt vom 10. August 1948 an ein Verfassungskonvent der Experten. Es sind meist ältere Männer, geprägt von Erfahrungen der Weimarer Republik, aus der das Unheil der Hitler-Diktatur erwachsen war. Weimar, das war die Maxime, durfte sich nicht wiederholen.

Die Vorschläge des Konvents, 149 Artikel umfassend, gehen an die Ministerprä-

Die Trümmerräumung läuft in Bayern auf Hochtouren. Feldbahnen bringen den – unsortierten – Bombenschutt zu großen Halden – wie hier zum Schuttberg im Münchner Luitpoldpark.

sidenten der elf Länder, die in den drei westlichen Besatzungszonen bereits installiert sind. Und die elf Landtage bestimmen aus ihren Reihen insgesamt 65 Delegierte (13 davon aus Bayern) zum Parlamentarischen Rat.

Der tritt am 1. September feierlich in Bonn am Rhein zusammen, mangels eines anderen Gebäudes im Zoologischen Museum König. Politiker sind darunter, deren Namen bald in aller Mund sein werden: Carlo Schmid, Theodor Heuss oder Thomas Dehler. Und Konrad Adenauer, 72, den die britischen Besatzer als Nachkriegs-Oberbürgermeister von Köln wegen »Unfähigkeit« gefeuert haben, und der nun Vorsitzender der Christlich-Demokratischen Union ist und zum Präsidenten des erlauchten Rates gewählt wird. Rund acht Monate lang müht man sich, dann ist geboren, was »Grundgesetz der Bundesrepublik Deutschland« heißt, weil man es wegen der praktisch bereits vollzogenen Teilung nicht »Verfassung« nennen will.

Daß die politischen Geburtswehen einer neuen Republik die Bürger fasziniert hätten, kann nicht behauptet werden. Immer noch ging es ja vor allem darum, nach dem Überleben nun auch ein wenig besser zu leben.

Ludwig Erhard, der zuständige Frankfurter Boß des Vereinigten Wirtschaftsgebiets, das der Volksmund »Trizonesien« taufte, hob zwar kühn Woche für Woche bisher geltende Bewirtschaftungsgebote auf, doch noch lange nicht kamen Angebot und Nachfrage ins Gleichgewicht. Die Lebensmittelpreise kletterten erst einmal steil nach oben. Und auch der Schwarzmarkt war noch lange nicht tot.

Als die Eier »frei« wurden, wurden sie auf dem Münchner Viktualienmarkt zwischen 35 und 42 Pfennig das Stück angeboten. Wütende Hausfrauen bombardierten damit die Händler, bis ein Überfallkommando der Polizei der »Eierschlacht« ein Ende bereitete.

Andererseits wurde das Pfund Steinpilze für nur 90 Pfennig verkauft – traumhaft, wenn man an die heutigen Preise denkt. Und erste italienische Pfirsiche waren eine Sensation: Sie gingen zum Luxuspreis von 1,30 Mark im Handumdrehen weg.

Mitten hinein in die allerersten Ansätze zu dem, was man später »Wirtschaftswunder« nannte, platzte eine Schreckensmeldung: Auf dem Gelände der BASF in Ludwigshafen am Rhein war Dymethyl-Äther aus einem Kesselwagen ausgeströmt und explodiert. 178 Tote und 2500 Verletzte waren die schreckliche Bilanz. Auflagen und Kontrollen, wie sie heute für die chemische Industrie Gesetz sind, kannte man noch nicht . . .

In München schüttete man derweilen, ohne viel zu sortieren, gewaltige Kippen aus Bombenschutt auf, in Sendling, am Oberwiesenfeld und in Schwabing. Die am Luitpoldpark, als späterer Aussichtspunkt geplant, war auf stolze 20 Meter angewachsen. Schon konnte man von ihr aus sehen, daß am neuen, aus hellem Holz gefügten Dachstuhl der Frauenkirche Richtfest gefeiert wurde.

Und auch ein großer Sieg über die Amerikaner, die noch vor anderthalb Jahren durch ein Brauverbot Bayern trockenlegen wollten, konnte begossen werden: Auf dem »Herbstfest« zu Füßen der Bavaria wurde, mit Ahnungen an frühere Oktoberfeste, Bier mit immerhin 8 Prozent Stammwürze ausgeschenkt, die Maß zu 1,20 Mark. Manche Räusche waren fast schon friedensmäßig.

Deutschland wird am Rhein verteidigt

So viel Bewegung, Aufregung, Ärger und Krisen gab es selten in München, Bayern und in der Welt drumherum wie in den Herbstmonaten nach der Währungsreform. Hier ein paar Blicke ins Kaleidoskop des letzten Vierteljahres 1948.

Die Blockade Westberlins, der Siegeszug der Roten Armeen Mao Tse-tungs in China, die Teilung Koreas und die Entwicklung in Ost- und Südosteuropa schüren die Angst vor einer kommunistischen Generaloffensive. Schon bereiten die westeuropäischen Länder ein gemeinsames Streitkräfte-Oberkommando unter dem britischen Feldmarschall Bernard Montgomery vor. Der Rhein wird als Verteidigungslinie festgelegt. Spaniens Diktator Francisco Franco, dem einst die deutsche »Legion Condor« zur Macht verholfen hat, verspricht, daß »Millionen spanischer Streiter bereitstehen, wenn die Roten Berlin überrennen«.

Aus London, wo am 14. November im Buckingham-Palast ein Knabe geboren wird, der bis heute auf die Krone wartet, meldet sich Winston Churchill, der alte Löwe. Er, der alles tat, um Hitlers Reich niederzuringen, fordert im Unterhaus ein Ende der Entnazifizierung und der Kriegsverbrecherprozesse in Deutschland. »Weil«, sagt er, »Rache ein kostspieliger Luxus ist.« Dessen ungeachtet hängen die Amerikaner in Landsberg am Lech 15 Verurteilte in einer Woche.

Für die meisten Deutschen sind die Hungerleiderzeiten vorbei, die Zuteilungen auf Marken steigen von Monat zu Monat. Doch das Nebeneinander von Bewirtschaftung, Nichtbewirtschaftung und grauem und schwarzem Markt führt bisweilen zu chaotischen Zuständen. Die heranwachsende »freie Marktwirtschaft«, gehätschelt von Ludwig Erhard (der nun in Frankfurt viel bessere Zigarren raucht als einst in München), wird von fiebrigen Kinderkrankheiten geschüttelt.

Da bricht, beispielsweise, im September und Oktober die Fleischversorgung fast vollständig zusammen. Den Bauern sind die Festpreise zu niedrig, also bremsen sie die Viehanlieferungen, verkaufen lieber direkt an Gaststätten. Die servieren – ungeachtet angedrohter Strafen – die schönsten Schnitzel markenfrei. Im Münchner Schlachthof kommt es mal wieder zu Krawallen, weil jüdische Metzger statt den ihnen zustehenden 60 Stück Vieh 296 schächten und die Hinterviertel nicht abliefern, sondern unterderhand verkaufen.

Das Problem mit dem Fleisch regulierte der Markt nach und nach. Die Energieknappheit aber steigerte sich zum Jahres-

Schorsch Meier, der »Gußeiserne«, fuhr wieder Rennen.

Der Münchner Merkur war nicht allein mit seiner Dewey-Ente: Sieger Harry Truman amüsierte sich über die falsche Schlagzeile einer Chicagoer Zeitung.

ende katastrophal. Totale Stromabschaltungen ganzer Regionen wurden nach Tages- und Stundenplan verordnet, sogar Telefonsperren gab es. Aber auch erste Nylonstrümpfe, Träume jeder beinbewußten Frau: für 50 Mark pro Paar.

Auf dem Flughafen München-Riem landeten sechs Linienmaschinen pro Woche (!), und während die Münchner Buben am Gebsattelberg zu einem »Seifenkistel-Rennen« antraten, gewann Schorsch Meier der »Gußeiserne«, auf einer Fünfhunderter-BMW den »Großen Preis von Bayern«. Die Strecke führte mitten durch Nymphenburg und Moosach, und mehr als 60 000 schauten begeistert zu.

Rund 50 000 Kraftfahrzeuge waren in der Landeshauptstadt registriert, und 214 Verkehrstote wurden gezählt. 1995 waren es bei annähernd 703 000 Fahrzeugen ledig-

lich 58. Irgendwie sind wir doch gescheiter geworden.

Und noch eine Statistik aus dem Jahr der Währungsreform: 65 Prozent der steuerpflichtigen Münchner verdienten monatlich 125 Mark, weitere 25 Prozent bis 300 Mark. Nur ein halbes Prozent waren »Großverdiener«, kamen über 800 Mark. Schwarzmarktgewinnler und andere Gauner wurden freilich nicht erfaßt.

Ein Geständnis ist fällig für ein Vergehen, längst vergeben und vergessen: Der »Münchner Merkur«, vertrauend auf Umfragen in den USA und von Amerikanern in München mit gezielten Informationen versehen, präsentierte am 2. November 1948 Thomas E. Dewey als neuen US-Präsidenten.

Zur Stunde, da die Zeitung nach Mitternacht in Druck ging, sah es ja so aus – nur hatten wir keine Ahnung, wie langwierig die Auszählung einer Präsidentenwahl ist. Als junger Redakteur, der dabei sein durfte, wie die Schlagzeile geboren wurde, ging ich in der vierten Frühstunde von der Bayerstraße heim nach Haidhausen, klingelte unterwegs Bekannte heraus und schenkte ihnen stolz das Sensationsblatt. Am Morgen drauf, als ich das Radio einschaltete, war alles Hochgefühl verflogen: Harry Truman hatte Dewey weit überflügelt.

Chefredakteur Felix Buttersack zeigte in der nächsten Ausgabe Zerknirschung, nahm alle Schuld auf sich. Kaum ein Abonnent sprang ab. Und etwas Gutes hatte die aus bestgemeintem Aktualitätsstreben entsprungene »Ente« schließlich auch: Die Zeitung war in aller Munde.
Zum Jahresende stand im »Münchner Merkur« die Anzeige: »Wie werde ich reich?« Jemand aus Oldenburg versprach das Rezept nach »Einsendung einer halben D-Mark«.

Redeschlacht um Bayerns »Nein«

Wenn das kein Grund zum Feiern war! Endlich hatte der Landtag, der oberste Souverän des wiedererstandenen Freistaates Bayern, einen Sitz gefunden. Und was für einen!
Das alte Palais an der Prannerstraße war von Bomben zerstört, in der Aula der Universität, wo die ersten Sitzungen stattfanden, konnte man nicht bleiben. Also Übersiedlung ins notdürftig bestuhlte »Brunnenhof-Theater« in der Residenz, dann in den »Sophien-Saal« am Alten Botanischen Garten. Das Parlament geriet zum Wanderzirkus.
Jetzt, am 11. Januar 1949, zog es ins Maximilianeum ein, in ein wirklich »Hohes Haus« über der Isar. Das war zwar auch zu fast 60 Prozent zerstört gewesen, wurde aber für 6 Millionen Mark (meist noch in alter Währung) so hergerichtet, daß die Volksvertreter sich darin wohlfühlen konnten. Die luxuriöseren Um- und Anbauten kamen erst viele Jahre später.
Immerhin gab es damals schon Fraktionssäle, Büros und einen bis heute fast

unveränderten, würdigen Plenarsaal mit Diplomatenlogen, Presse- und Zuschauertribünen. Und, ganz wichtig, eine solidbayerische Gaststätte, damit die Abgeordneten nicht vom Fleisch fielen. Wir Landtagsberichterstatter nannten sie »Fraktion Weißwurscht«, weil sich dort manches quer durch die Parteien regeln ließ, was sonst kaum lösbar erschien.
Beflügelt vom neuen Ambiente, stürzten

So sah das Karikaturblatt »Simplicissimus«, das damals wieder erschien, das Thema »Bayern und das Grundgesetz«.

Nahm die Dinge nicht so tragisch, wie sie tatsächlich waren: Dr. Michael Horlacher (CSU), der Präsident des ersten bayerischen Landtags nach dem Zweiten Weltkrieg.

sich die Abgeordneten in die Debatten der Zeit. Und wärmten zunächst eine Geschichte wieder auf, die schon ein halbes Jahr zurücklag, aber Bayerns Ruf doch weithin angekratzt hatte.

Werner Egks Faust-Ballett »Abraxas« war knapp vor der Währungsreform im Prinzregententheater mit sensationellem Erfolg uraufgeführt worden. Es gab 48 Vorhänge, zehn mehr als die Bayerische Staatsoper je als Rekord verzeichnet hatte. Dennoch ließ Kultusminister Dr. Dr. Alois Hundhammer, ein mit mächtigem, damals noch schwarzem Vollbart versehener, ungewöhnlich strenger Katholik, das Ballett absetzen. Von »Schwarzer Messe« auf Steuergeldern sprach er, von »Beleidigung der Mehrheit des Volkes« und von »Schweinerei«.

Von da an war der Doppeldoktor Hundhammer, der vorher schon die Wiedereinführung der Prügelstrafe in den Schulen befürwortet hatte, als Darsteller finsterer bayerischer Reaktion abgestempelt. Spä-

ter, als sich sein Bart silbergrau färbte, wurde der Mann, von dem noch mehrfach die Rede sein wird, freilich konzilianter.

Die wohl entscheidendste, längste, ernsteste und zugleich von Skurilitäten umrankte Debatte, die bis heute im Maximilianeum geführt wurde, ging einen Maientag und eine Maiennacht hindurch. Sie ging um Bayern und Deutschland.

Der Parlamentarische Rat hatte das Grundgesetz einer »Bundesrepublik Deutschland« mit 53 zu 12 Stimmen verabschiedet und es den damaligen zwölf Landtagen zur Ratifizierung zugeleitet. Ablehner waren je zwei Abgeordnete der Kommunistischen Partei, des Zentrums und der Deutschen Partei (das alles gab es damals) – und sechs von acht der CSU. Folgerichtig erklärte Ministerpräsident Hans Ehard dem Parlament, daß seine Regierung das Grundgesetz als nicht föderalistisch genug verwerfe. Falls jedoch zwei Drittel der deutschen Länder zustimmen sollten, werde es auch von Bayern als verbindlich betrachtet.

Die leidenschaftliche Debatte, die darauf folgte, ließ bereits die Mauern des Maximilianeums erbeben. Doch das war noch nichts gegen die große Auseinandersetzung am 19. und 20. Mai.

Es war Donnerstag, drei Minuten nach 9 Uhr, als Präsident Michael Horlacher die Sitzung mit den humorigen Worten eröffnete: »Man darf die Dinge nicht so tragisch nehmen, wie sie sind.« Doch die meisten Abgeordneten nahmen sie tragisch. Mit 30 Wortmeldungen stritten sie bis in die dritte Morgenstunde um etwas, was durch die Festlegung der CSU längst entschieden war. Auch ein gewaltiges Gewitter, das um Mitternacht über München tobte und grelle Blitze wie Warnsignale durch die gläserne Kassettendecke des Plenarsaals leuchten ließ, konnte am Ergebnis nichts ändern: Als einziger deutscher Landtag lehnte der bayerische mit

101 gegen 63 Stimmen bei 11 Enthaltungen das Grundgesetz ab.

Der »Bayerische Rundfunk«, gerade erst aus »Radio München, ein Sender der Militärregierung« zur Anstalt des Öffentlichen Rechts geworden, übertrug die Debatte von der ersten bis zur letzten Stunde. Hunderttausende, vielleicht Millionen Hörer saßen gebannt vor den Radiogeräten.

Was sie nicht mitbekamen, war die Erschöpfung der Abgeordneten, die nicht wenige von ihnen zwischendurch in der »Fraktion Weißwurscht« mit Kaffee, Hofbräubier oder Frankenwein bekämpften. Präsident Horlacher, selbst sichtlich gestreßt, verlas zu später Stunde unter allgemeiner Heiterkeit das Telegramm eines Rundfunkhörers. Der hatte Wellingtons berühmten Seufzer in der Schlacht von Waterloo leicht abgewandelt: »Ich wollte, es wäre Nacht und die Preußen kämen.«

Parteifreunde duellieren sich im Bräusaal

Bayerns »Nein« vom 21. Mai 1949 zum Grundgesetz konnte die Geburt der Bundesrepublik Deutschland nicht verhindern – und wollte es eigentlich auch nicht. Ein erster gewaltiger Plakat-Wettkampf begann: Ein neues deutsches Parlament, genannt Bundestag, sollte noch im Spätsommer gewählt werden.

Vorher jedoch war in Bayern politisch Entscheidendes fällig. Und in München was eher Amüsantes.

Dr. h. c. Karl Scharnagl, bereits 1947 als Oberbürgermeister wegen seines Engagements beim Freikörperverein »Osiris« bei CSU-Parteifreunden leicht in Verruf geraten, warf jetzt als Vizebürgermeister das Handtuch, das er besser um den Bauch getragen hätte. Seine Begründung: »Allgemeiner Erschöpfungszustand nach anstrengender Amerika-Reise.«

Das wahre Verhängnis des 69jährigen: Nur mit einer Sonnenbrille bekleidet, so böse Zeugen, hatte er im städtischen Nordbad Schwimmkurs-Mädchen geraten, sich doch des »nassen Zeugs« zu entledigen und sich abfrottieren zu lassen. Als Bürgermeister-Nachfolger stellte die CSU den ehrengeachteten und stets korrekt gekleideten Walter von Miller, den Sohn des Schöpfers des Deutschen Museums.

Oberster Sittenwächter des Landes war damals Kultusminister Alois Hundhammer, der, wie geschildert, Theatergeher vor allzu erotischen Tanzfiguren in Werner Egks Ballett »Abraxas« bewahrt hatte. Aber der doppelte Doktor, der – so wurde gemunkelt – jeden Morgen die heilige Kommunion nahm, war auch Exponent eines starken konservativen Flügels in der im Jahr 1946 rasch zusammengewürfelten Sammelpartei Christlich-Soziale Union. Und von Anfang an Gegenspieler des eher liberalen, freilich nicht unumstrittenen Josef Müller, des »Ochsensepp«.

Zum »Showdown« wie im Wildwestfilm kam es am 28. Mai 1949 beim Landesparteitag in Straubing. Zwar waren Journalisten vorsorglich ausgeschlossen worden, doch vom Dachboden des Saals »Zur Krone« aus konnten findige Reporter dennoch die lautstarke Abrechnung zwischen den »Parteifreunden« Hundhammer und Müller verfolgen.

Seit 1946 verschmutzte Wäsche wurde da gewaschen, persönliche Vorwürfe prallten

die CSU seitdem nie wieder geboten hat: Der Landesvorsitzende Müller unterlag mit nur 151 Stimmen dem von Hundhammer als »Mann des Ausgleichs« empfohlenen Hans Ehard, der 396 Stimmen erhielt. Wunden waren geschlagen, die nur ganz langsam vernarbten.

Der noch frischgebackene Generalsekretär der Partei, ein, wie man heute sagen würde, »junger Aufsteiger« namens Franz Josef Strauß, verhielt sich beim Straubinger »Showdown« neutral. Den Colt für seinen »politischen Vater« Müller zu ziehen, hätte ihm, dem bereits eine Karriere über Bayern hinaus winkte, nichts gebracht.

Am Sonntag, den 14. August 1949, wählten die Bürger »Trizonesiens« den ersten

Noch wußte niemand, daß er einmal zum großen Vorsitzenden werden würde: CSU-Generalsekretär Franz Josef Strauß (33).

aufeinander, natürlich auch politische. So etwa hielt der »Ochsensepp« Hundhammers Verdikt »alle Nazis waren Verbrecher« entgegen, man dürfe jene, die geirrt hatten, nicht ins demokratische Abseits stellen. Ein bemerkenswerter Streitpunkt zwischen Männern, die einst beide in Hitlers KZs gesessen hatten.

Die Fetzerei – immer in christlichem Du-Ton – gipfelte in Hundhammers Forderung, daß die CSU, um nicht weitere Anhänger (an die Bayernpartei) zu verlieren, mit einem Mann in die Bundestagswahlen gehen müsse, der »von allen Seiten Vertrauen genießt«. Heinrich von Brentano, vom CDU-Oberen Konrad Adenauer (zu dem der »Ochsensepp« kein gerade herzliches Verhältnis hatte) nach Straubing entsandt, hieb mit einem »Grußwort« in Hundhammers Kerbe.

Das Ergebnis eines Parteitages, wie ihn

Machte in Straubing den »Ochsensepp« nieder: Bayerns strenger Sittenwächter Dr. Dr. Alois Hundhammer.

Bundestag. Nicht weniger als 18 Parteien von ganz links bis ganz rechts waren angetreten. Und sage und schreibe elf davon gelang bei einer Wahlbeteiligung von 78,5 Prozent der Einzug in das in Bonn etablierte Parlament. Denn auch nur auf Länderebene agierende Parteien hatten damals eine Chance: Die niedersächsische »Deutsche Partei« errang 17 Mandate, ebensoviel bekam die »Bayernpartei«. Sogar die WAV des sattsam bekannten Alfred Loritz, wieder einmal Stehaufmännchen, zog aus Bayern mit 12 Mann an den Rhein.

Für die CSU, deren 24 Vertreter sich sogleich in eine gemeinsame Unions-Fraktion einordneten, war es ein ziemliches Desaster: Nur 29,9 Prozent gegen 20,9 Prozent der aufmüpfigen Bayernpartei bekam sie. Absoluter Tiefpunkt.

Koalitions-Spielarten wie nie wieder boten sich an. Konrad Adenauer, bereits als »alter Fuchs« geltend, nutzte sie nach seinem politischen Instinkt.

Gamsbarthut und Schaufel-Schau

Bonn am Rhein, einst römisches Legionslager, Geburtsort Ludwig van Beethovens, verschlafene Universitäts- und Pensionistenstadt. Dort, in der provisorischen Hauptstadt für 40 Jahre, spielte nun die Musik. Und Dirigent war Konrad Adenauer.

Eine große Koalition mit den Sozialdemokraten des Dr. Kurt Schumacher, die in dieser Gründerzeit nahegelegen hätte (und auch von Teilen der CDU favorisiert wurde), kam für Adenauer nicht in Frage. Aus wirtschaftspolitischen Gründen vor allem, aber wohl auch, weil er damals bereits die Westintegration der Bundesrepublik anpeilte. »Kanzler der Alliierten« mußte er sich dafür wenig später von Schumacher schelten lassen.

Alles hatte zuvor den verfassungsgemäßen Lauf genommen: Theodor Heuss, der Altliberale, wurde zum Bundespräsidenten gekürt, schlug den Bundeskanzler vor, und der Bundestag wählte Adenauer mit der knappstmöglichen Mehrheit. In dessen Kabinett, das sich auf CDU/CSU, FDP und Deutsche Partei stützte, saßen zwei Franken und zwei Altbayern: Dr. Thomas Dehler (FDP) für die Justiz; Dr. Ludwig Erhard, der inzwischen der CDU angehörte, für die Wirtschaft; Dr. Wilhelm Niklas (CSU) für Ernährung und Landwirtschaft, und Dr. Fritz Schäffer (CSU) für Finanzen.

Die Berufung Erhards, dem man 1947 im Bayerischen Landtag jede wirtschaftspolitische Befähigung abgesprochen hatte, war logische Folge seiner Erfolge als Trizonen-Wirtschaftsdirektor. Die Ernennung Schäffers aber war eine Überraschung: Er, der 1945 von den Amerikanern als allererster Ministerpräsident für Bayern eingesetzt, gleich darauf aber wieder gefeuert worden war, hatte immerhin vor zwei Jahren der CSU im Zorn den Rücken gekehrt und sogar mit der Bayernpartei geliebäugelt. Nun war alles vergessen, und, wie sich zeigte, kamen bei ihm die Finanzen der neugeborenen Republik in sparsamste Hände. Binnen Jahren häufte er den sagenhaften »Juliusturm« an, dessen Milliarden später der Wiederaufrüstung zuflossen.

Die weltpolitische Landschaft, in die die Bonner Staatsgründung eingebettet war, sah düster aus. Zwar hatten die Sowjets die Blockade Westberlins im Mai 1949 wieder aufgehoben, doch von neuem Einvernehmen der Weltkriegssieger konnte keine Rede sein. Seit dem Frühjahr gab es den Atlantikpakt, die NATO, und die Sowjets zogen am 4. Oktober mit der Gründung ihrer Deutschen Demokratischen Republik nach. Die Spaltung Deutschlands in zwei Staaten war verbrieft.

Das Zeitalter der Militärregierungen war vorbei. Im Westen galt jetzt das »Besatzungsstatut«. Doch wie wenig »frei« sich die Deutschen nun fühlen durften, zeigte sich allenthalben. In Bayern beispielsweise wurde kurzerhand die Autobahn zwischen München-Ramersdorf und Sauerlach durchgeschnitten, weil der US-Fliegerhorst Neubiberg für die neuen Düsenjäger eine längere Startbahn brauchte.

Und wie wir alle, Regierende nicht ausgenommen, noch immer in der Furcht des Herrn lebten, zeigt eine Episode von der Wies'n 1949, dem ersten richtigen »Friedens-Oktoberfest«. Die Maß kostete 2 Mark, und auch das Zentrale Landwirtschaftsfest gab es wieder.

Militärgouverneur Murray D. Wagoner, ein zünftiger Texaner, der schon ein bißchen Bayerisch gelernt hatte, saß nach der Eröffnung in einem Weinzelt mit dem Ministerpräsidenten, Kabinettsmitgliedern und Presseleuten zusammen. Gerührt nahm er jene bayerische Ehrengabe entgegen, der in jüngster Vergangenheit auch Michail Gorbatschow noch teilhaftig wurde: Einen Miesbacher Trachtenhut mit wunderschönem Gamsbart.

Großartige Stimmung, der Gouverneur schied nur ungern aus der Runde. Doch kaum war er weg, heulten vor dem Zelt die nur allzu bekannten Sirenen der Militärpolizei. Alle, auch Ministerpräsident Ehard, erstarrten, als ein riesiger schwarzer MP-Sergeant hereinmarschierte, offenbar zu allem entschlossen. Doch er holte nur den Gamsbarthut ab, den der Gouverneur liegengelassen hatte.

Ohne Sirenen, dafür aber mit 300 Lastkraftwagen waren amerikanische Soldaten zur Hand, als in München das Rama Dama lief. Jene legendäre Aufräumaktion, die der »Münchner Merkur« erdacht und organisiert hatte. An diesem letzten Wochenende des Oktober, eines Monats, der so ungewöhnlich warm gewesen war, daß noch Maikäfer schlüpften, wurden freilich nicht ganze Ruinenberge abgetragen, sondern hauptsächlich häßliche Trümmerhaufen, von denen viele schon zu Rattenburgen geworden waren.

In allen Stadtvierteln griffen Münchner und Helfer aus dem Oberland zu Hacke und Schaufel und füllten Lastwagen. Nicht nur zur Schau, sondern echt schwitzend, werkelte am Marienplatz Oberbürgermeister Thomas Wimmer mit anderen Prominenten. Den Chefredakteur des »Münchner Merkur«, Felix Buttersack, eher an die Feder gewohnt, schaufelte er leicht aus.

Ergebnis: 15 000 Kubikmeter Schutt und Dreck weggeschafft. Eine Bürgeraktion des Handanlegens wie seitdem nie wieder.

Aufräumaktion am Münchner Marienplatz: Oberbürgermeister Wimmer war einer der besten Schaufler.

Ein Land im Bann des »Wunderdoktors«

Eigentlich sollte man meinen, für die Westdeutschen wäre die Geburt der Bundesrepublik das beherrschende Thema des Sommers und Herbstes 1949 gewesen. Oder auch, daß die Sowjets gerade ihre erste Atombombe gezündet hatten und damit der schwelende Ost-West-Konflikt eine neue Dimension erreichte.

Falsch gedacht. Gesprächsstoff Nummer eins waren eher irrationale Geschehnisse. Ein Phänomen besonderer Art geisterte durch die Lande: ein »Wunderdoktor«. Sein Name stand beinahe häufiger in den Zeitungen als der Konrad Adenauers. Der Mann hieß Bruno Gröning.

Sein Kurzporträt: In Danzig geboren, Sohn eines Maurerpoliers, Soldat an der Ostfront, 1946 aus sowjetischer Gefangenschaft entlassen. Jetzt 43 Jahre alt, Kettenraucher, hohe Stirn mit zurückgewichenem Haaransatz, aber Locken bis in den Nacken. Auffallend sein Satthals, aber auch, unter kräftigen Brauen, seine blauen Augen – wir Reporter beschrieben sie damals als »zwingend«. Er trägt meist ein schwarzes Hemd, einen ebenso dunklen Binder und eine Hose in derselben Farbe. Ein Jackett aber so gut wie nie.

In Herford in Westfalen ging sein Stern auf. Dort hatte er einen an Muskelschwund Leidenden wieder zum Gehen gebracht. Die Eltern gerieten in Euphorie, nahmen Gröning in die Familie auf, wurden seine ersten Förderer. Bald strömten nicht nur Kranke, sondern auch Journalisten aus dem In- und Ausland nach Herford. Sie berichteten von spektakulären Heilungen. Doch die Behörden machten Schwierigkeiten. Also folgte Gröning einem »Ruf« nach Bayern.

Leo Harwart, ein rasch reich gewordener Unternehmer, der das Deutsche Theater in München und etliche Spielkasinos betrieb, hatte ihn auf seinen feudalen »Traberhof« bei Rosenheim geholt. Und da fing der Rummel erst richtig an.

Zehntausende belagern Grönings ländliche Residenz, kampierten Tag und Nacht in Autos und Zelten. Nur wenige freilich kommen bis zum »Wunderdoktor« selbst vor, genießen den zwingenden Blick aus seinen Augen, sein Handauflegen und seinen Zuspruch, wobei sie – so ihre Schilderungen – Kribbeln und Hitzewellen verspüren. Bislang Humpelnde werfen ihre Krücken weg, Gelähmte verlassen den Rollstuhl, Erblindete sehen plötzlich Licht. Sogar von »Fernheilungen« über Hunderte von Kilometern hinweg wird berichtet. Zeitungs- und Rundfunkreporter schwanken zwischen Bewunderung und Skepsis. Weiß Gott, wenn es damals schon das Fernsehen gegeben hätte . . .

Begehrt wie Gold sind Kugeln, die Gröning aus dem Stanniol seiner im Übermaß konsumierten amerikanischen Zigarettenpackungen formt, und angeblich seine magischen Kräfte übertragen. Schwarzhändler stellen sie in eigener Regie her.

Am Sonntag, 11. September 1949 (am Tag bevor in Bonn der erste Bundespräsident gewählt wird), war ich dabei, als Gröning im überfüllten, polizeilich gesperrten Kongreßsaal des Deutschen Museums auftrat. Wieder sagte er, er sei kein Wunderdoktor, nehme kein Geld, heile nur dank Kraft von Gottvater und Jesus. Er versuchte sich in Massensuggestion, von den 3000 im Saal spürten die meisten das berühmte »Kribbeln«. Dann ging er durch die Reihen, sprach Gelähmte auf Rollstühlen und Bahren an. Keine Wirkung. Ein Mann aber, den er bei den Unterarmen faßte und ihm den Stock wegnahm, fing an zu tanzen und fiel Gröning um den Hals. Das Tedeum, »Großer

Wo immer der 43jährige Bruno Gröning 1949 in Bayern auftrat, wurde er von einer großen Zahl kranker Menschen umdrängt.

Gott, wir loben Dich«, wurde angestimmt, erfüllte inbrünstig den Saal.

Um es kurz zu machen, was damals Monate hinaus die Nation aufwühlte: Der Mann aus Danzig verfügte, auch nach Wertung kritischer Mediziner, über zweifellos große, fast einmalige psychotherapeutische Fähigkeiten, konnte bei psychogen überlagerten Beschwerden er-

staunliche Erfolge erzielen. Die Andauer der »Wunderheilungen« wurde freilich kaum je notiert.

Bayern, bis hin zum Landtag und zum Ministerpräsidenten, zeigte sich durchaus aufgeschlossen, »Gröning-Heilstätten« zuzulassen. Doch Grönings Verhängnis wurde, daß er nun behauptete, *alle* Leiden heilen zu können. Mit Zank und Streit in seiner Umgebung, den Geschäftemachern um ihn, aber auch mit der Staatsanwaltschaft, Prozessen und Verurteilungen geriet sein Leben in den Jahren darauf völlig aus dem Gleis. Der »Wunderdoktor« starb im Januar 1959, zehn Jahre nachdem er Bayern aufgewühlt hatte, in Paris an Krebs.

Eine frühe »Amigo«-Geschichte ist vielleicht noch angebracht: Seinerzeit, bei den ersten Auftritten Grönings, drückte Münchens Polizeipräsident Franz-Xaver Pitzer alle Augen zu. Schließlich war Leo Harwart sein Schwiegersohn. Doch als das Jahrzehnt zu Ende ging, war Pitzer, bereits 1946 von den Amerikanern berufen, nicht mehr Polizeipräsident. Wegen der sogenannten »Goldschieber-Affäre«, in die ihn gute Spezis hineingezogen hatten, wurde er vom Stadtrat gefeuert. Da konnte auch Wundermann Bruno Gröning nicht helfen.

Bratwürste und ein Knall aus Fernost

Weder auf Fernsehschirmen, digitalen Leuchtanzeigen oder funkgesteuerten Uhren konnten die Deutschen damals verfolgen, wie sich die letzte Sekunde eines alten in die erste eines neuen Jahrzehnts verwandelte. Nur das Zeitzeichen des guten alten Dampfradios verkündete, daß die »Fünfziger« angefangen hatten, ein hoffentlich besseres Dezennium als das vergangene voll Krieg, Blut, Tränen und Hunger.

Die Silvesternacht, Samstag auf Sonntag, war sternenklar und eiskalt in Bayern. In München, das 821 000 Einwohner zählte, waren Theater, Kinos und der Circus Krone ausverkauft, die schon auf Fasching dekorierten Gaststätten proppenvoll. Dann begann die Rumserei, und obwohl »Kanonenschläge« und »Schweizer Kracher« polizeilich verboten waren, knallte es, wie der »Münchner Merkur« berichtete, »an jeder Straßenecke«. Zu farbenprächtigen Raketenfächern wie heutzutage fehlte das Geld, und auch die Pyrotechnik war noch nicht soweit. Als der Neujahrsmorgen graute, war an den Tankstellen der Liter Benzin von bisher 40 auf 60 Pfennig hochgeschnellt. Eine happige Steuererhöhung, die alle, die schon einen fahrbaren Untersatz hatten, auf die Palme brachte. Ganze dreimal zwei von ihnen waren sich übrigens zur Jahrzehntwende auf Münchner Kreuzungen gegenseitig ins Blech geraten.

Um wieviel Zehntelmillimeter in dieser Nacht Haare und Bärte gestandener Mannsbilder in Oberammergau gewachsen sind, wurde nie gemessen. Doch es wurde Zeit für biblische Längen an Haupt und Kinn, denn 1950 war vom Vatikan zum »Heiligen Jahr« proklamiert worden, und das uralte Passionsspiel im Herrgottschnitzerdorf sollte erstmals nach dem Krieg wieder stattfinden. Bürgermeister Raimund Lang bat sogar extra den Sowjetmarschall Sokolowski, dazu doch endlich jene Oberammergauer freizugeben, die als ehemalige Gebirgsjäger noch immer hinter Stacheldraht gehalten wurden. Eine Antwort bekam er freilich nie.

Was damals erst langsam, dann immer schneller hochschwappte, war die erste »Freßwelle«. Beileibe noch keine kultivierte, sondern eine noch ziemlich bescheidene. Schließlich war es ja nach annähernd elf Jahren Rationierung endgültig Schluß mit den Lebensmittelmarken.

Primitive »Standl« nährten die erste »Freßwelle« mit Bratwürsten, Südfrüchten und anderen lang entbehrten Genüssen.

Die »Standl« auf den abgeräumten Ruinengrundstücken hatten Hochkonjunktur. Auch neben dem angekratzten »Merkur«-Zeitungsgebäude in der Münchner Bayerstraße stand so eine Sperrholzbude mit fettigem Grillblech über Gasflammen. Und so an die zweimal am Tag gingen wir Kollegen doch runter, um eine Bratwurst mit Senf und einer Semmel zu mampfen, für 50 Pfennig, wenn ich mich noch recht erinnere. Und keiner fragte sich, was wohl die schön rostbraune Haut enthielt. Es schmeckte einfach.

Ein Sonntagsdienst, am 25. Juni 1950, platzte mit Agenturmeldungen appetithemmend in die Auffutterungsidylle: Nordkoreanische Truppen waren in Südkorea eingedrungen, hatten den 38. Breitengrad überschritten, eine jener Kompromißgrenzen, die die Sieger des Zweiten Weltkriegs überall dort gezogen hatten, wo kommunistische und halbwegs demokratische Staatsgebilde sich berührten.

Die Nordkoreaner jagten mit sowjetischen T-34-Panzern, die schon Berlin überrollt hatten, die schwachen südkoreanischen Truppen nur so vor sich her. Bereits nach zwei Tagen nahmen sie die Hauptstadt Seoul.

Alarm in der Welt, Alarm in Europa, Alarm vor allem in Westdeutschland, in der gerade das politische Gehen lernenden Bundesrepublik.

Was, wenn auch die Deutschen im Ostteil,

die ja bereits wieder bewaffnete Verbände hatten – kasernierte Volkspolizei nannte sich das übrigens –, von der Elbe auf die Weser vormarschieren würden? Mit der nationalen Parole einer Wiedervereinigung wie in Korea? Noch hatte die nagelneue NATO kaum einsatzfähige Kampfverbände, bis zum Rhein konnte der Weg frei sein . . .

Die USA warfen ihre in Japan stehende 24. Infanteriedivision auf die koreanische Halbinsel. Würde auch die Sowjetunion eingreifen oder gar Rotchina? Stand der Dritte Weltkrieg vor der Tür? Vielleicht sogar mit einer Atombombe?

Die Angst ging um. Es gab wieder Hamsterkäufe, die Lebensmittelpreise kletterten rapide, die ersten Neureichen ließen sich Bunker in ihre Gärten betonieren. Und aus den Kabinetten, Parlamenten und Zeitungsredaktionen der westlichen Hauptstädte tönte erst leise, dann immer lauter der Ruf, nun müßten wohl auch die geschlagenen und verfemten Deutschen wieder an die Front. In der Bundesrepublik selbst aber begann quer durch Volk und Parteien für die nächsten fünf Jahre das, was später als »Kampf um die Wiederbewaffnung« in die Geschichte einging.

Revolution in Bayerns Wählervolk

Der Krieg in Korea, wenn auch 12 000 Kilometer weit weg, überschattete oder beeinflußte beinahe alles, was im zweiten Halbjahr 1950 in der jungen Bundesrepublik ablief. Daß Bonn noch nicht einmal ein eigenes Außenministerium zugestanden war, hinderte den 74jährigen Kanzler Konrad Adenauer nicht daran, in Reden, Interviews und Denkschriften hartnäckig deutsche Verteidigungskräfte zu fordern. Was übrigens zum ersten Rücktritt eines Bundesministers führte: Gustav Heinemann, CDU, zuständig für Inneres, geriet in Gewissenskonflikt, da die evangelische Kirche, der er eng verbunden war, jede deutsche Wiederbewaffnung strikt ablehnte.

Der aufrüttelnde Krieg in Fernost verlief dramatisch. In unserer Redaktion hing eine mäßig genaue Korea-Karte, auf der ich am Spätnachmittag, wenn ich aus dem Maximilianeum zurückkam und mich vom Landtagsreporter zum »Mili-

tärexperten« wandelte, anhand der seinerzeit noch recht spärlichen Agenturmeldungen Fähnchen steckte. Zusammen mit Günther Pahl, einem großartigen Kartenzeichner, entstand so die »Lage« mit Angriffspfeilen und Abwehrlinien. Jetzt, wenn ich in alten Bänden nachschaue, sehe ich, daß der »Merkur« damals seine Leser recht anschaulich informiert hat. Hier, ganz knapp, die Anatomie jenes Krieges, dem bis heute kein Frieden folgte.

Die Amerikaner konnten mit rasch herbeigeholten Divisionen, zu denen später auch Kontingente von UN-Truppen stießen, im Südosten der Halbinsel einen Brückenkopf um Pusan halten. Dann, im September schon, machten sie von jener Strategie Gebrauch, die ihnen 1945 den Sieg über Japan gebracht hatte: amphibische Operationen im Rücken des Feindes. Jetzt waren die Nordkoreaner in voller Flucht.

Und wieder eine Wende. Als die Amerikaner und ihre Verbündeten sich dem Jalu näherten, dem großen Grenzfluß zur Volksrepublik China, wurden sie überra-

Kein »Nebenbei-Krieg« also, der übrigens auch insofern Geschichte schrieb: Am Himmel Koreas lieferten sich erstmals Düsenjäger Luftkämpfe – schließlich hatten beide Seiten ja 1945 reiche Ernte aus deutschen Konstruktionsbüros eingebracht. Die wendige sowjetische MiG-15 wurde mit Luftsiegen über die amerikanische F-80 »Shooting Star« zur Legende. Doch als dann die F-86 »Sabre« auftauchte, erlosch der Glorienschein.

Luftkämpfe über Korea, bunte Plakatkämpfe in Bayern. Es geht um den nächsten Landtag. Er sollte anders, ganz anders geraten als der noch zu Hungerzeiten 1946 gewählte. In der Parteienlandschaft hatten sich Revolutionen abgespielt. Und auch im Wählervolk.

Da war oben in Schleswig-Holstein, wo zunächst die meisten Flüchtlinge aus dem verlorenen Osten gelandet waren, eine Partei ganz neuen Typs entstanden,

schend von 300 000 chinesischen »Freiwilligen« zurückgeworfen. Bis Weihnachten 1950 konnten die Amerikaner gerade noch an die 200 000 Soldaten und Flüchtlinge aus den einst eroberten Häfen Nordkoreas über See evakuieren.

Viersterne-General Douglas Mac Arthur, fünf Jahre zuvor Sieger über Japan, riet kaum verschlüsselt zum Einsatz der Atombombe gegen China. Präsident Harry S. Truman akzeptierte das Risiko nicht und löste den grimmigen Krieger ab. Zum dritten und zum vierten Mal wechselte Seoul den Besitzer, dann biß sich der Krieg nördlich und südlich des 38. Breitengrads in blutigen Kämpfen um Hügelstellungen fest. Bis endlich am 27. Juli 1953 ein Waffenstillstand und eine Pufferzone zwischen Nord und Süd vereinbart wurden – beide brüchig bis heute. Blutige Verluste auf beiden Seiten: 2,2 Millionen Soldaten.

Bomber über Korea im Einsatz: Der aufrüttelnde Krieg verlief dramatisch. Er kostete 2,2 Millionen Soldaten das Leben.

eigentlich eher eine politische Interessengemeinschaft derjenigen, die wie viele Millionen Deutsche nicht nur alles, sondern dazu auch noch die Heimat verloren hatten. Griffiger Name: Bund der Heimatvertriebenen und Entrechteten, kurz BHE. Guten Nährboden fand diese Partei auch in Bayern, wo ebenfalls viele Hunderttausende von Flüchtlingen und Vertriebenen noch immer unter unwürdigsten Umständen leben mußten.

Und andererseits die ebenfalls noch ganz junge Bayernpartei, die in grellen Farben die »Überfremdung« des Freistaates an die Wand malte. Konflikte, die sich heute

kaum mehr jemand vorstellen kann, waren an der Tagesordnung. Neid, Mißgunst, Unverständnis bis hin zum Haß. Einer der noch harmloseren Witze von damals: Warum ist der Flüchtling wie der Mond? Mal hat er einen Hof gehabt und mal keinen.

Am Sonntag, 26. November 1950, gingen bei recht unbeständigem Wetter beinahe 80 Prozent der bayerischen Wahlberechtigten, Alteingesessene ebenso wie sogenannte Neubürger, zu den Urnen – damals war man eben noch politisch hoch engagiert. Das Ergebnis der Landtagswahl kam einem Erdrutsch gleich.

Auf Filzpantoffeln zum neuen Kabinett

Ja, da gab es noch wirklich aufregende Wahlnächte! Anders als heute, da uns Computerhochrechnungen schon in der ersten Stunde der Stimmenauszählung ein fast perfektes Endergebnis per Bildschirm ins Wohnzimmer liefern, hielt damals die Spannung, wer Sieger oder Verlierer sei, bis lange nach Mitternacht, ja oft bis zum nächsten Morgen an.

Bei der 1950er Wahl zum Bayerischen Landtag konnte der »Merkur«, als er gegen vier Uhr morgens die letzte Ausgabe druckte, erst Ergebnisse aus 25 von insgesamt 101 Stimmkreisen melden. Dennoch zeichnete sich die Sensation bereits ab. Und tags darauf war sie vollkommen: Die Regierungspartei CSU hatte eine verheerende Niederlage erlitten, ihr Stimmenanteil von 52,3 Prozent vor vier Jahren war fast halbiert worden, betrug gerade noch 27,4 Prozent. Und die SPD war mit 28,0 Prozent stärkste Partei! Derartiges Ungemach geschah den

Christlich-Sozialen im folgenden halben Jahrhundert freilich nie wieder.

Schuld am schwarzen Desaster waren die »Neuen«. Die vereinte Liste des »Gesamtdeutschen Blocks« (einer Rechtsabspaltung der CSU unter dem begabten Populisten August Haußleiter) und der Heimatvertriebenen-Partei BHE holte auf Anhieb 12,3 Prozent. Noch kräftiger aber hatte die Bayernpartei des Joseph Baumgartner zugeschlagen: 13,2 Prozent. In Ober- und Niederbayern hatten ihre Direktkandidaten der CSU glatt 17 Stimmkreise abgenommen! Daß Sozis in allen neun Münchner Stimmkreisen siegten, war selbstverständlich.

Doch wie die Tücken des Landeswahlgesetzes es eben so wollten: Obwohl stärkste Partei, erhielt die SPD im Landtag jenen einen Sitz weniger, der vielleicht alles anders hätte laufen lassen: Schwarze 64, Rote 63 Sitze. Die Weißblauen konnten sich auf 39 Stühle hocken, der BHE auf 26, die Freien Demokraten, damals noch große Zukunftshoffnung, auf 12. Koalitionsmöglichkeiten, wie sie heute in manchen Landtagen oft bis auf ein einziges Mandat ausgereizt werden müssen, lagen damals in Bayern auf dem Präsen-

Das gab's nur einmal, das kam nie wieder: Ausgang der Landtagswahl des Jahres 1950.

Nach schwierigen Verhandlungen wieder zusammen in einer Koalition: Wilhelm Hoegner (li.) und Alois Hundhammer.

tierteller. Hans Ehard brauchte nur zu wählen.

Er ging bedächtig – der treffend aufspießende »Merkur«-Karikaturist Herbert Kolfhaus zog ihm meist unförmige Filzschuhe an – nicht den einladenden rechtskonservativen Weg mit der Bayernpartei, für den Alois Hundhammer plädierte. Sondern entschloß sich zur auch vom Ochsensepp favorisierten großen Koalition mit den Sozialdemokraten. Und – taktisch klug – auch mit dem BHE. Der bekam zwei Staatssekretäre zugesprochen, die SPD erhielt das Finanz- und das Arbeitsministerium und besetzte das wichtige Innenministerium mit dem altgedienten Wilhelm Hoegner als stellvertretendem Regierungschef. Alois Hundhammer verlor seinen Kabinettsposten, denn die Partner mochten ihn nicht mehr als Kultusminister schlucken.

Den Intimfeind Bayernpartei also schickte die CSU in die Opposition. Eine Strafaktion für die aus Tiefschwarz ins liberalere Weißblaue ausgebrochenen Renegaten. Eine Sünde vielleicht insofern, als auf eine geballte föderalistische Faust gegen Bonner Zentralismus-Ansätze verzichtet wurde. Dennoch, rückblickend, eine in CSU-Augen richtige Entscheidung, um die mächtige BP langsam auszudörren, ihre Funktionäre und Anhänger zu entmutigen. Die mitspielenden christsozialen Rachegelüste erwiesen sich freilich vier Jahre später als politisch verhängnisvoll.

Hier noch ein unpolitisches Histörchen aus jener Zeit. Esoterik war zwar als Begriff nicht so in Mode wie heute, doch übersinnlich angehauchte Zirkel und für sie geschaffene Veranstaltungen gab es genug. Der Bayerische Rundfunk sah sich da unerwartet eingesponnen.

Ein Wiener »Magier« namens Fritz Strobl zog im Münchner Regina-Palast-Hotel die große Schau ab. Vor erlesenem Publikum demonstrierte er seine telepathischen Fähigkeiten. Der Clou: Eine vom Publikum gezogene Spielkarte – es war die Karodame – werde er kraft seiner Fähigkeiten dem Sprecher der Radio-Abendnachrichten aufzwingen. Und zwar nach dem zweiten Satz der dritten Meldung.

Der Magier war stark. Bayernfunk-Sprecher Dieter Elwenspoek stockte genau zwischen dem zweiten Satz der dritten Meldung, schien kurz wie sprachgelähmt. Dann sagte er klar und deutlich »Regina – Karodame«, und verlas weiter, was in der Welt geschehen war. Kollegen sagten, er habe verstört gewirkt, wie unter Zwang stehend.

Münchens Zeitungen verbreiteten sich über Möglichkeiten der Zwangshypnose, ließen Fachleute für Telepathie und Übersinnliches zu Wort kommen. Doch nach hochnotpeinlichen Untersuchungen im

Bayernfunk gab Sprecher Elwenspoek zu, mit ein paar hundert Mark dafür gekauft worden zu sein, daß er genau zur verabredeten Minute sein »Regina – Karodame« ins Mikrofon sprach. Elwenspoek wurde gefeuert. Und »Magier« Strobl reiste mitsamt übersinnlichen Fähigkeiten alsbald ab.

Leukoplastbomber zuckeln ins Grüne

Wenn vom Einstieg in die legendären fünfziger Jahre die Rede ist, muß von Motorfahrzeugen geredet werden, von zwei-, drei- und vierrädrigen. Denn gleich nach der »Freßwelle« lief da die »Mobilwelle« an, begann der Traum von grenzenloser Freiheit auf einem freilich noch recht bescheidenen Straßennetz.

Was gab es da nicht alles, was Begehren weckte: einen kessen, offenen Winzling beispielsweise, der »Kleinschnittger« hieß, und in den ich mich gemeinsam mit Bernhard Ücker, meinen Rundfunkkollegen von der Pressetribüne des Landtags, spontan verliebte. Der kleine Zweisitzer mit nicht einmal 5 PS hatte keinen Rückwärtsgang, mit seinen nur 150 Kilogramm konnte er notfalls umgehoben werden. Schick sah er aus, aber die 2400 Mark zum Erwerb fehlten mir.

Dann den »Lloyd« aus dem Hause Borgward, den man wegen seiner mit Leder bezogenen Sperrholzkarrosserie »Leukoplastbomber« nannte, der aber mit 13 PS

München, Ecke Weinstraße und Marienplatz: Der Volkswagen taucht auf.

Die Amis interessieren sich für deutsche Wagen. Besonders wenn sie einen Stern auf dem Kühler haben.

immerhin schon ein respektables Fortbewegungsmittel war. In so einem sind wir mit zwei hineingepreßten Ehepaaren nebst zwei lebhaften Buben sogar bis Bayrischzell aufs sonnige Sudelfeld gefahren. Und in die damals an Armaturenbrettern übliche kleine Vase haben wir Frühlingsblumen gesteckt.

Heute längst vergessene Kleinwagen namens »Hannomag«, »Gutbrod«, »Fuldamobil« oder »Meyra« waren im Angebot. Und vor allem die neumodischen, schicken Roller aus Italien, die »Vespa« und »Lambretta«, auf deren Rücksitzen Mädchen ihre nylonbestrumpften Beine so wirkungsvoll zur Geltung bringen konnten. Ich freilich saß eher etwas ängstlich hinter der lieben Ida, einer unserer Sekretärinnen, wenn sie, die in Vaterstetten wohnte, mich nach dem Nachtdienst bis nach Ramersdorf mitnahm.

Klingende Namen aus der einstigen deutschen Flugzeugindustrie segelten auf der Rollerwelle mit, brachten neben Zweirädern auch heute längst zu Oldieehren geratene Kabinenroller heraus. Der Bomberbauer Ernst Heinkel war dabei, BMW entwickelte seine »Isetta«, in die man von vorne durch eine Klapptür einstig. Und Professor Willy Messerschmitt, der Jahre zuvor den ersten Düsenjäger der Welt, die Me-262, gefertigt hatte, kam mit einem Fahrzeug auf vier kleinen Rädern auf den Markt, das zwei hintereinander unter Plexiglas sitzende Personen bis auf über Tempo 90 beschleunigte. Der Spitzname »Schneewittchensarg« traf ins Volle.

Auch die urbayerische Rollerversion, der »Goggo« aus Dingolfing, gehört in diese Reihe. Hans Glas, ein in Niederbayern gewachsenes, in Amerika befruchtetes Unternehmertalent besonderer Art, machte »zwengs dem Regen« aus seinem Zweirad- ein Vierradfahrzeug. Goggo, der

Enkel, wurde folgerichtig auch zum Paten des »Goggomobil«, des ersten wirklich erfolgreichen Kleinwagens in Hundertausenderserien.

Jetzt aber zum unbestrittenen Star auf den von alljährlichen Frostaufbrüchen arg geschädigten bayerischen Landstraßen: zum »Volkswagen« in seiner allerersten Form. Wer einen besaß, wurde bestaunt und beneidet wie heutzutage einer mit einem Ferrari-Sportcoupé.

Seine Geschichte ist ein Spiegelbild der Zeit. Reichskanzler Adolf Hitler, nebenbei auch ein Autonarr, erteilte 1935 dem Konstrukteur Ferdinand Porsche den Auftrag, einen leistungsfähigen, bequemen Viersitzer zu entwickeln, der weniger als 1000 Reichsmark kosten sollte. Der geniale Österreicher schaffte es, und im Mai 1938 legte Hitler auf grüner Wiese bei Fallersleben im Hannoverschen den Grundstein zur Fabrikationsstätte des »KdF-Wagens«, benannt nach der NS-Freizeitorganisation »Kraft durch Freude«. Für 5 Mark pro Woche konnten die Volksgenossen ihn ansparen.

Doch ehe der Wagen zum Volk kam, war Krieg. Das Werk mit der noch unfertigen Arbeiterstadt daneben, die heute Wolfsburg heißt, produzierte Wehrmachtgelän-dewagen, und als der Krieg vorbei war, erste »Volkswagen« für die britische Besatzungsmacht. Und dann war das kugelige Auto – nachdem im März 1950 schon an die 100 000 von den mühsam angelaufenen Bändern gerollt waren – auf einmal sogar auch für »Normalverbraucher« erhältlich: Für 4150 Mark in der schlichten Standard- und 5450 Mark in der aufwendigeren Exportversion – und nach langem, langem Warten. Nie wieder hat seitdem ein Wagentyp Deutschlands Straßen (und später die des ganzen Globus) so rasant erobert.

Auch in München, das seinerzeit mit 50 000 Fahrzeugen Spitze war in der Republik, drängte sich der bucklige »Käfer« mehr und mehr ins Straßenbild, das bis dahin nur von klapprigen Oldies, ersten Nachkriegsausgaben von Mercedes und Opel und von gewaltigen Ami-Schlitten beherrscht war. Und weil mehr Fahrzeuge mehr Unfälle und mehr Tote bedeuteten – ein Tempolimit in Ortschaften gab es noch nicht – startete die Besatzungsmacht für ihre Soldaten eine erste Abschreckungskampagne, die bald allen einleuchtete: »Drive carefully, death is so permanent« – auf gut bayrisch: Fahr gscheit, sonst bist für allwei tot.

Patronatsbier für den neuen »Alten Peter«

»Brücken-Willi« war der Spitzname des CSU-Innenministers Dr. Willi Ankermüller, der zwischen 1947 und 1950 unzählige, in den letzten Kriegstagen sinnlos gesprengte Brücken des bayerischen Straßennetzes wieder herstellen ließ. Klar, daß jeder Neubau gefeiert und kirchlich abgesegnet wurde. Und irgendwann kurz nach der Wende zu den fünfziger Jahren muß es gewesen sein, als sich auf der damals noch recht holprigen Autobahn zwischen München und Nürnberg folgende verbürgte Episode abspielte:

Justizminister Dr. Josef Müller, genannt »Ochsensepp«, war nach Norden unterwegs, überholte einen Wagen, in dem er in vollem Ornat den Münchner Weihbischof Johannes Neuhäusler erkannte, mit

Der »Alte Peter« ragt wieder in den Himmel. Das Richtfest wurde ganz groß gefeiert.

gender und auch brisanter als Dinge, die in den letzten zwei Jahrzehnten unseren Landtag beschäftigten. Etwa, zum Beispiel, der »Fall Auerbach«.

Für alle, die seinerzeit noch keine Zeitungen lasen: Dr. Philipp Auerbach, ein massiger, selbstbewußter und herrischer Mann, der manchmal aber auch ganz charmant sein konnte, war von 1946 an der ungekrönte König im Freistaat. Als »Staatskommissar für die rassisch, religiös und politisch Verfolgten« konnte er weitgehend schalten und walten, wie er wollte. Nur Justizminister Müller, als Widerständler gegen die Nazis legitimiert, und später der damalige innenpolitische Ressortleiter des »Merkur«, Werner Runge, wagten es, sich mit ihm anzulegen.

Die Bombe platzte im Januar 1951: »Ochsensepp« Müller ließ das sogenannte Landesentschädigungsamt (LEA), zu dessen Präsident Auerbach inzwischen geworden war, wegen vermuteter Unregelmäßigkeiten bei Entschädigungszahlungen an Juden und andere Naziverfolgten polizeilich besetzen und durchsuchen. Es stellte sich heraus, daß alle eidesstattlichen Angaben, mit denen Auerbach sich 1946 in seine Ämter geschlichen hatte, Lug und Trug waren: kein Abitur, kein Studium, keine Promotion. Und die Dissertation über »Wesen und Formen des Widerstandes im Dritten Reich«, für die ihm 1949 die Universität Erlangen den Titel eines Dr. phil. mit »summa cum laude« verliehen hatte, war für ein Salär von 1000 Mark von einem Journalisten geschrieben worden.

Peinlich für alle Beteiligten. Ein Staatsskandal erster Güte, der auch Hintermänner in Regierungskreisen und in der SPD hatte. Und dem auch sogleich der Stempel »Antisemitismus« aufgedrückt wurde. Doch damals war man, obwohl dem Massenmord an den Juden zeitlich doch viel

dem er einst im KZ Dachau zusammen war. Müller stoppte das bischöfliche Automobil, und es entspann sich folgender Dialog: »Was machst denn du daheroben in deim rot'n G'wandl?« Worauf der geistliche Herr replizierte: »Neue Brückn dua i ospritz'n, damit Lumpen wie du drüberfahrn kenna.« Ja, so warn s', die alten Rittersleut'. Sie konnten aber auch anders sein, denn was sich so in den allerersten Jahren der Fünfziger in Bayern und seinem Parlament abspielte, war weit aufre-

näher, noch nicht so dünnhäutig wie heute. Ein Untersuchungsausschuß des Landtags nahm sich auf Antrag der Bayernpartei der Sache an und brachte, fast nebenbei, den Justizminister Müller so in Verlegenheit, daß er zurücktreten mußte.

Die Affäre endete tragisch: Philipp Auerbach wurde im August 1952 von einem Gericht zu zweieinhalb Jahren Gefängnis verurteilt, der in die Durchstechereien verwickelte Landesrabbiner Aaron Ohrenstein zu einem Jahr. Zwei Tage nach dem Richterspruch beging Auerbach Selbstmord. »Mein Blut komme über das Haupt der Meineidigen«, schrieb er auf einen Zettel.

Erfreulicher dagegen das, was inzwischen in der Landeshauptstadt geschehen war. Da hatte eine Bürgeraktion, ins Leben gerufen vom »Münchner Merkur«, den im Krieg arg lädierten Turm des »Alten Peter« zwischen Marienplatz und Viktualienmarkt wieder zu seiner früheren Höhe von 91 Metern verholfen. Im August 1951 wurde das Richtfest gefeiert, so richtig nach Münchner Art, mit eigens eingebrauten »St.-Peter-Patronatsbier«, aus einem 4800 Liter (!) fassenden Riesenfaß. Der Wimmer Damerl, der Oberbürgermeister, band sich eine grüne Schenkkellner-Schürze um, sagte: »Probier ma's« und leerte dann einen Zweiliterhumpen fast bis zur Neige: »Guat is'.«

Clou des Festes: eine damals noch durchaus nicht selbstverständliche Radioverbindung zwischen Oberbürgermeister Wimmer und Al Cash, dem Bürgermeister der ersten Münchner Schwesterstadt Cin-

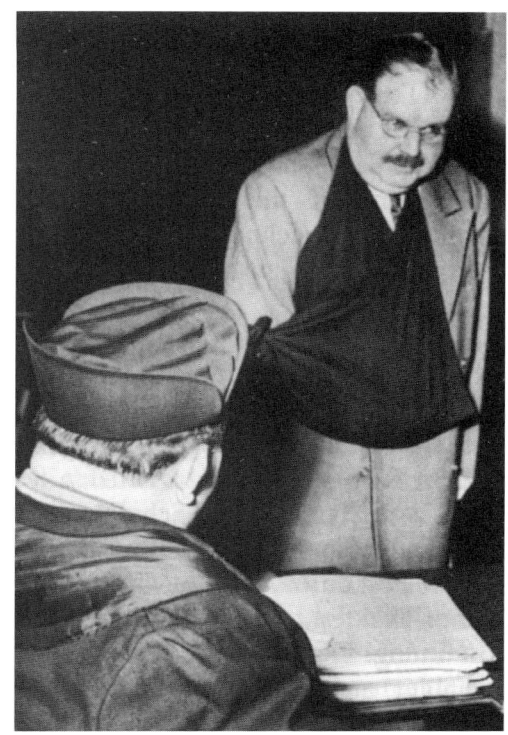

Ein gestürzter »König«: Philipp Auerbach vor Gericht.

cinnati im US-Staat Ohio. Der Amerikaner stiftete 10 000 Dollar für »Old Peter«. Übrigens: Das heute längst gewohnte Pausezeichen des Bayerischen Rundfunks war bis dahin noch amputiert, aus »harmonischen Gründen«, wie ein Musikästhet verfügt hatte. Es ging nur bis »Solang der Alte Pe-«. Der Ton der restlichen Silbe »-ter« wurde erst angehängt, als das älteste Wahrzeichen Münchens wieder erstanden war.

Abgeordnete auf »Brautschau« in der Pfalz

Gelegentlich, wenn der Bundeskanzler aufgekratzt ist oder eine störrische CSU umwerben muß, verweist er darauf, daß er ja gebürtiger Bayer sei. Und da hat er auch recht.

Anno 1930, als Helmut Kohl in Ludwigshafen zur Welt kam, war die Pfalz Bestandteil Bayerns, wenn auch ein abgetrenntes Anhängsel westlich des Rheins. Dynastisch durch die Wittelsbacher seit langen Zeiten verbunden und vom Wiener Kongreß 1815 ausdrücklich abgesegnet.

So blieb es im Kaiserreich, in der Weimarer Republik und auch noch, staatsrechtlich, in Hitlers »Drittem Reich«. Bis sich nach 1945 die Franzosen in ihrer Besatzungszone aus »Bayern links des Rheins« und Teilen von Hessen und Preußen ein Land »Rheinland-Pfalz« zusammenzimmerten.

Doch wer weiß das heute noch? Und wer kennt noch den alten Spruch, daß Bayern immer von Franken regiert und von Pfälzern verwaltet wurde?

Im Maximilianeum erinnerte man sich an alles. Ein Ausschuß »Bayern-Pfalz« wurde gebildet. Vorsitzender: der Landtagspräsident. Das Ziel: Die »geraubte Gemahlin Pfalz« zurückzuholen. Also reiste der Ausschuß in stärkster Besetzung und mit Journalistengefolge nach 1950 alljährlich per Omnibus in das inzwischen Bundesland gewordene Besatzergebilde Rheinland-Pfalz. Dessen Regierung sah das gar nicht gern, beäugte die Expeditionen argwöhnisch, verbot ihren Beamten offizielle Kontakte, und betrachtete Bürgermeister und Landräte, die dennoch

In Bad Dürkheim wagten sich die bayerischen Abgeordneten sogar ins Kasino. Gespielt haben sie allerdings nicht.

der Parole »Hände weg von Pfalz und Speyer – der Pfälzer bleibt ein Bayer« anhingen, beinahe als Hoch- und Landesverräter.

Für die Abgeordneten aus »Bayern rechts des Rhein« war jede Werbereise dennoch ein Erfolgserlebnis. Empfänge mit weißblauen Fahnen und mit Weinproben allenthalben. Ein Münchner Kollege von mir, der später zu einem weltweit bekannten Reporter wurde, goß die in Edenkoben gereichten 14 Probiersorten in einem Krug zusammen und trank ihn aus – ein bachantisches Verbrechen, über dessen Folgen wir uns, wenn wir uns begegnen, noch heute amüsieren.

Doch auch Dr. Dr. Alois Hundhammer entgleiste, wenn man es so nennen darf. Der Exkultusminister war, weil als Nachfolger des verstorbenen Dr. Georg Stang im Juni 1951 mühsam zum Landtagspräsidenten gewählt, nun oberster Brautwerber. Lockerer als einst als Sittenwächter sprang er linksrheinisch über seinen rechtsrheinischen Schatten. Fern in München wurde damals nämlich heftig um die Zulassung staatlicher Spielbanken gestritten.

Alois Hundhammer wäre nicht ein katholischer Gottesmann durch und durch gewesen, wenn er dem Spielteufel eine Chance gegeben hätte. Hier aber, im pfälzischen Bad Dürckheim, ließ er sich »Großbayerns« wegen sogar zu einer Besichtigung des renommierten Casinos überreden. Einen angebotenen Freichip fürs Roulette nutzte er allerdings nicht.

Doch auch Hundhammers Opfergang und weitere parlamentarische Reisen durchs Land des »Jägers aus Kurpfalz« nützten letztlich nichts. Zwar hatten dort viele Bayerngetreue »Nix wie hem« versprochen, doch als es im April 1956 zum Schwur kam, waren bei der Volksabstimmung nur 7,6 Prozent der Pfälzer dafür. Aus war es mit einer neuen Hochzeit.

Immerhin aber gibt es noch die »Pfälzer Weinprobierstube« in der Münchner Residenz . . .

Hätte es geklappt, wäre Bayern neben Unterfranken um einen Rebenbezirk reicher. Doch die Masse der Abgeordneten stand offensichtlich ohnehin eher auf Bier. Sonst wäre der »Hofbräuhauskrieg« nicht denkbar, der im Herbst 1952 im Maximilianeum tobte.

Da hatte nämlich der CSU-Abgeordnete Franz Michel im Wirtschaftsausschuß räsoniert, im Staatlichen Hofbräuhaus am Platzl würden, laut Beschwerden von Touristen, nur »kinderhandgroße Schnitzel« serviert. Von schlechtem Einschenken gar nicht zu reden. Bayerns Ruf sei in höchster Gefahr.

Franz Trimborn, der Pächter, der auch die Landtagsgaststätte bewirtschaftete, wurde vor den Ausschuß zitiert. Und als Sachverständiger der Vorsitzende des Bayerischen Hotel- und Gaststättenverbandes, Alfons Schmider. Dessen Gutachten fiel freilich gleich wegen seiner Klangfärbung durch: »Um Gotts willn, der is ja aus Sachsen.«

Der Trimborn Franzl dagegen kam den Abgeordneten urbajuwarisch. Der aus dem Norden, der die Schnitzel beanstandet hatte, sollte ihm ins Wirtsauge sehen. »Der soll herkomma, dem zahl ich's.« Daß er die Schenkkellner angewiesen habe, »den Krug rechtzeitig vom Zapfhahn zurückzuziehen«, stritt er energisch ab, gab aber zu: »Erst grad hab ich wieder einen 'nausg'schmissen.« Und, um das Problem deutlich zu machen: »Wenn oana an Apparat erfind, mit dem ma an Stoakrug bis oben vollschenka ko, dem zahl i glatt 5000 Markl, damit amoi a Ruah is.« Und hochdeutsch setzte er hinzu: »Bier ist nun mal ein Schaumgetränk.«

Dem Landtag blieb nichts anderes übrig, als Frieden mit dem Hofbräuhauswirt zu schließen.

Veteranen sind wieder gefragt

Was so ein Krieg in Korea und Moskauer Drohgebärden alles zustande brachten! Konrad Adenauers Bundesrepublik wurde, obwohl noch immer unter der Siegerfuchtel, fast zum Hätschelkind.

Erstmals durften 1952 die Westdeutschen wieder zu Olympischen Spielen. Bei den winterlichen in Oslo holten die Ski-Damen Mirl Buchner und Ossi Reichert (wer kennt sie noch?) Silber und Bronze. Und geradezu unverschämt meldeten sich schwergewichtige Männer wie Pilot Anderl Ostler und Bremser Lorenz Nieberl zurück: Mit 17 Jahre alten Bobschlitten, die schon 1936 in Garmisch-Partenkirchen am Start waren, holten sie zwei-

Die Olympia-Sieger im Paarlauf waren auch privat ein Paar: Paul Falk und Ria Baran-Falk.

mal Gold. Was wäre Deutschland damals ohne die Bayern gewesen?! Halt, auch Ria und Paul Falk, meiner Erinnerung nach von nördlich der Mainlinie, standen im Paarlauf ganz oben auf dem Treppchen.

Bei den Sommerspielen in Helsinki lief es für die Deutschen freilich nicht ganz so gut. Dafür aber für Emil Zatopek, Offizier der Sozialistischen Tschechoslowakischen Volksrepublik: dreimal Gold über 5000 und 10 000 Meter und im Marathonlauf! Ich hatte 20 Jahre danach das Glück und Vergnügen, beim Festball der Münchner Spiele im Sheraton-Hotel an einem Tisch mit ihm zu sitzen und ihn als ungewöhnlich sympathischen und bescheidenen Mann kennenzulernen. Noch heute macht eine Sportschuhfirma mit ihm Fernsehwerbung.

Auch die »Silberpfeile« von Mercedes, die einst, in Rivalität mit Auto-Union, jeden Grand-Prix gewonnen hatten, röhrten erneut und feierten auf internationalen Rennstrecken Triumphe. Waren die Deutschen auf einmal wieder da?

Sie waren es, aber sie sollten auch dafür zahlen. Im Mai 1952 unterzeichnete Kanzler Adenauer den 400-Seiten-»Generalvertrag« mit dem Beitritt zur »Europäischen Verteidigungsgemeinschaft (EVG)«. Vereinbarte Kosten: 850 Millionen Mark monatlich für den Unterhalt alliierter Truppen und für den Aufbau eigener Streitkräfte. Fritz Schäffer, der sparsame Bundesfinanzminister aus Bayern, sah seine im »Julius-Turm« – Symbol für den einstigen preußischen Staatsschatz in der Festung Spandau – aufgeschichteten Milliarden schwinden.

An politischen Gesten der milde gewordenen Sieger von 1945 fehlte es nicht: England beispielsweise gab die als Übungsziel für die Bomber seiner Luftwaffe total verwüstete Felseninsel Helgoland wieder zur Besiedlung frei . . .

Und während in Großbritannien eine 25 Jahre junge Frau namens Elizabeth durch den plötzlichen Tod ihres Vaters George VI. auf den Thron gesetzt wird, in Argentinien Evita Peron stirbt (und bis heute im Musical weiterlebt) und in Ägypten König Faruk der Wohllebige zum Teufel gejagt wird, richtet man in der Bundesrepublik alles für die sogenannte Wiederbewaffnung her – sieben Jahre nach einem total verlorenen Krieg.

Da gab es in Bonn den CDU-Abgeordneten Theodor Blank, verschämt »Beauftragter für mit der Stationierung alliierter Truppen zusammenhängende Fragen« genannt. In seinem Amt brüten alte Wehrmachtgenerale als »Berater« neues Feldgrau aus. Wie der »Wehrbeitrag« aussehen sollte, erfuhr die Öffentlichkeit erstmals im Februar 1952 aus den »US News and World Report«: ein 400 000-Mann-Heer mit zwölf gepanzerten »Stromlinien-Divisionen«, eine Marine von 25 000 Seeleuten und eine Luftwaffe aus 75 000 Mann und 1500 Flugzeugen. Die ersten Stämme – 60 000 Offiziere und Unteroffiziere – sollten aus »Kriegsveteranen« gebildet werden, möglichst Ostfronterfahrenen, eine Planung, die drei Jahre später verblüffend genau verwirklicht wurde.

Manche Berufssoldaten schöpften Hoffnung, mageres Zivilistendasein wieder mit dem in der Uniform vertauschen zu können. Die große Masse der »Veteranen« aber hatte die Schnauze voll. Sogar ein ehemaliger Oberleutnant der Heeresflak, der später Verteidigungsminister werden sollte, hatte ja gesagt, daß »jedem, der wieder ein Gewehr anfaßt, die Hand verdorren soll« – oder so ähnlich.

Wie dynamisch dieser Franz Josef Strauß, mittlerweile CSU-Generalsekretär und Chef der Landesgruppe im Bundestag, sich nun für die höheren Etagen der Politik empfahl, zeigte der sommerliche Parteitag der Christlich-Sozialen in Regens-

Liebte große Auftritte: Joseph Baumgartner, der »Trommler von Sulzemoos«.

burg. Obwohl Strauß nicht gegen den Parteivorsitzenden Hans Ehard kandidieren wollte, erhielt er doch beachtliche 93 von 472 abgegebenen Stimmen . . .

Auch der große Konkurrent Bayernpartei hielt in diesem Sommer 1952 Heerschau: im Rosenheimer »Hofbräu«. Da ihr Vorsitzender Joseph Baumgartner sich seiner landwirtschaftlichen Professur in Weihenstephan widmen wollte, wurde Jakob Fischbacher zum neuen Chef gekürt: Jener grimmige 66jährige, der einst – die Leser werden sich erinnern – bayerische Bauernburschenehen mit hergelaufenen Preußenweibern »a Bluatsschand« genannt hatte. Ein Vorsitzenden-Karussell wurde damit in Bewegung gesetzt, das Jahre später die BP in die politische Bedeutungslosigkeit drehen sollte.

Der Pepperl Baumgartner freilich, jetzt Ehrenvorsitzender, trat mit dramatischem Auftritt ab. Auf dem Podium des »Hofbräu« nahm er die neugestiftete »Landesfahne« mit dem seidengestickten »Gott mit Dir, Du Land der Bayern« in beide Fäuste und schwenkte sie wie einst der Schmied von Kochel die Keule. »Rettet Bayern!« schmetterte er in den Saal.

Über Lindau weht die Trikolore

Waren die Bayern seinerzeit weniger lärmempfindlich oder wagten sie nur kein Aufmucken? Wo heutzutage Bürgerinitiativen wie Schwammerl aus der Erde sprießen, wenn für »Tornados« eine Tiefflugstrecke festgelegt wird, hielt man sich damals nicht mal die Ohren zu. Denn die US Air Force flog am weißblauen Himmel hoch und tief, wie sie nur wollte.

Das war auch so, als ich im September 1952 als erster deutscher Journalist in einem Jet des 36. Jagdbombergeschwaders fliegen durfte, das damals in Fürstenfeldbruck lag, von den Amis »Fursty« genannt. In einer Lockheed T-33 schwenkte mich Captain Knowles, ein schlaksiger Bursche aus Arizona, mit 800 km/h quer übers Oberland.

Er streifte das Schneefernerhaus auf der Zugspitze, röhrte durchs Isartal bei Mittenwald, zog hoch und stieß Minuten später nach einem Wischer über den Wendelstein auf Schloß Herrenchiemsee herab, als ob es ein Bombenziel wäre. »A wonderfool castle«, schwärmte er durch die Bordsprechanlage, um mir in ungefährlicher Höhe dann mal den Knüppel zu überlassen.

Auch Neuschwanstein suchten wir heim und Lindau mit Segelbooten ringsum. »Really nice«, sagte Arizona-Tom, doch mir rann Schweiß unterm Fliegerhelm hervor. »Nichts mehr für mich in meinem Alter«, beschloß ich nach der Landung in Fursty. »Höchstens noch gemächliche Hubschrauber.«

Fursty wurde übrigens bald darauf mit neuesten US-Jägern vom Typ F-86 »Sabre« bestückt. Weil nämlich bei Regensburg, tief in Bayern, zwei rote MiG-15 aus der Tschechoslowakei eine F-84 abgeschossen hatten. So dicht taumelte man damals immer wieder am Rand eines Konfliktes zwischen NATO und Warschauer Pakt dahin.

Apropos Lindau, über das ich im Düsenjäger hinwegfegte. Wer weiß noch, daß

Rollten 1953 gegen deutsche Arbeiter: Sowjet-Panzer in Berlin.

Josef Stalin auf dem Totenbett. Am Sarg seine Nachfolger Bulganin und Chruschtschow (re.).

die wunderschöne Inselstadt, an deren Hafenmolen Leuchtturm und steinerner Löwe Wache halten, unserem Freistaat beinahe ebenso verlorengegangen wäre wie die »geraubte Gemahlin Pfalz«?

Frankreich, nach den Sowjets die unbequemste der vier Siegermächte, hatte sich Stadt und Landkreis 1945 kurzerhand aus dem südwestlichen Zipfel Bayerns herausgeschnitten, um seine Besatzungszone in Südbaden mit der im österreichischen Vorarlberg zu verbinden. Überlegungen, das Gebiet dem späteren Baden-Württemberg einzuverleiben, gab es durchaus.

Doch die weitere Kupierung Bayerns wurde durch einen Sonderstatus verhindert. Ein »Kreispräsident« namens Anton Zwisler durfte als kleiner König herrschen, alsbald »Anton der Erste« genannt. Gesetze des Münchner Landtags galten in seinem Reich nur, wenn die Franzosen nichts dagegen hatten. Richtig »heim nach Bayern« durfte Lindau erst, nachdem die Besatzer 1955 Österreich geräumt hatten und die Franzosen den »Korridor« nicht mehr brauchten.

Die blauweißrote Trikolore, die über Lindau wehte, schmerzte freilich weit weniger als das schwarzrotgoldene Banner mit Hammer und Zirkel auf dem Bran-

denburger Tor. Daß es abgerissen und verbrannt wurde, war Höhepunkt der dramatischen Geschehnisse des Jahres 1953.

Fünfsterne-General Dwight D. Eisenhower, der einst als oberster Feldherr Hitlers Großdeutschland niedergeworfen hatte, war, mit überwältigender Mehrheit gewählt, neuer Präsident der Vereinigten Staaten von Amerika. Und Marschall Josef Wissarionowitsch Stalin, despotischer Herrscher der Sowjetunion seit 30 Jahren, starb nach einem Gehirnschlag am 5. März. Erleichterung in der Welt und Furcht zugleich. Würde alles anders werden? Besser oder schlimmer?

Zuerst schien es, als ob das Ableben des Diktators Entspannung bringen könnte. In der DDR gestand die Führung Fehler ein, kündigte Erleichterungen für die Menschen an. Doch die Erhöhung der Arbeitsnormen um 10 Prozent traf auf Wut und Widerstand. Ausgerechnet die Arbeiter, die an den Prachtbauten der Stalinallee schufteten (das kilometerlange Ensemble steht heute unter Denkmalschutz), brachen zu Protestmärschen auf, die zu Fackeln eines Aufstandes wurden.

Der Ablauf ist bekannt: Die sowjetische Besatzungsmacht verhängte den Ausnahmezustand, löschte mit T-34-Panzern den

Brand. Amtlich wurden 21 Tote und 187 Verletzte gemeldet. Und wenigstens 1200 Aufrührer gegen den Arbeiter- und Bauernstaat kamen ins Zuchthaus.

Wir Redakteure des »Merkur« durchlebten damals mit der überraschend einbrechenden Nachrichtenflut viele Stunden der Anteilnahme und auch der Besorgnis, doch nie der Genugtuung. Ein kriegerischer Konflikt hing wieder mal in der Luft, aber die Alliierten im Westen blieben »cool«, wie man heute sagen würde.

Später fragten wir uns freilich, was gewesen wäre, hätte es damals statt 20 000 Mann Grenzschutz bereits gepanzerte Bundeswehr-Divisionen gegeben. Hätten sie, während jenseits der Elbe ein Drama ablief, Gewehr bei Fuß gestanden?

Da war es doch besser, daß wir Bundesbürger 36 Jahre hindurch an jedem 17. Juni innig der »Brüder und Schwestern von drüben« gedachten. Mit Kurzurlauben, Ausflügen, Badefreuden und Grillfesten.

Das Fräulein vom Amt wird arbeitslos

Der Blick in die Zukunft war umwerfend – wenigstens für die damalige Zeit. Ein paar Tage, nachdem Sowjetpanzer ihre Geschützrohre auf rebellierende DDR-Bürger gerichtet hatten, eröffnete Bundespräsident Theodor Heuss auf der Münchner Theresienhöhe die »Deutsche Verkehrsausstellung«. Der Gegensatz zum Terror am Brandenburger Tor hätte nicht deutlicher ausfallen können.

Von Fernsehsatelliten, Glasfaserkabeln oder Handys war freilich noch keine Rede. Aber die Bundespost zeigte immerhin, wie die noch immer von netten Fräuleins handgestöpselten Verbindungen – »Hier Fernamt, welche Nummer wünschen Sie?« – alsbald durch Selbstwählverkehr abgelöst würden. Die Bundesbahn wartete mit der revolutionären dieselhydraulischen Lok V 200 auf, die Tempo 140 schaffte und heute nur noch im Museum zu besichtigen ist. Manches von dem angepriesenen Fahrgastkomfort fehlt noch heute, aber ein Schlager waren die ersten verschweißten Schienen. Seitdem hört niemand mehr das gute alte Eisenbahn-Ra-ta-ta-ta.

Die Luftfahrt war Stiefkind der Ausstellung, denn noch durften die Deutschen keine Maschine in die Luft bringen. Und auch der dargestellte Status des Straßenverkehrs würde heute nur Staunen auslösen – oder auch tiefgrüne Befriedigung. Die Hälfte der Bundesstraßen war nur 5,5 oder 6,5 Meter eng, und 3 Prozent waren noch nicht einmal staubfrei. Auf Autobahnen keinerlei Stau zwischen Nürnberg und Würzburg, zwischen Frankfurt und Bonn oder zwischen Karlsruhe und Basel: Weil es diese Strecken und viele andere nämlich noch gar nicht gab.

Die wachsenden Verkehrssorgen Münchens und seiner Randgemeinden spielten eine Nebenrolle: Der (nie ganz vollendete) Altstadtring, der Mittlere Ring, der heute die Hauptlast trägt, existierten allenfalls in Teilstücken. Und daß die sternförmig auf die Stadt zulaufenden Vorortstrecken durch einen Tunnel unter der Innenstadt als »S-Bahn« gebündelt werden könnten, war Plan und Hoffnung, die U-Bahn erst ein Traum.

Verzeihen Sie, aber so schnell komme ich vom Jahr 1953 nicht los. Zu sehr war es,

Zigarrenraucher und Bundespräsident: »Papa« Heuss auf der Münchner Verkehrsausstellung vor der größten deutschen Dampflokomotive.

auch für München und Bayern, von erinnerungswerten Ereignissen vollgepfropft, mehr als manche Jahre danach.

Beispielsweise: Zwei große Wasserflächen, die heute die bayerische Landschaft zieren, wurden damals vom Landtag beschlossen oder waren schon in Bau: der Sylvensteinspeicher, der Ludwig Ganghofers »Jäger von Fall«-Szenerie verschluckte, und der vom wilden Lech gespeiste Forggensee bei Füssen.

Alle bayerischen Parteien hielten in diesem Frühjahr Heerschau – die Wahl zum zweiten Bundestag stand ja an. Die FDP machte im idyllischen Lohr am Main den Anfang und zeigte sich derart liberal, daß sie zeitweise die Presse ausschloß. Was Hans-Ulrich Kempski und mich dazu zwang, im Versteck einer Besenkammer unsere Reporterpflicht zu erfüllen.

Der anwachsende »Bund der Heimatvertriebenen und Entrechteten (BHE)« tagte in Augsburg, wo sich kurz darauf auch die CSU zur Landesversammlung einfand. Konrad Adenauer sprach auf der Abschlußkundgebung im Rosenaustadion und forderte harsch sechs »Beweise des guten Willens« von Moskau und Pankow. Als ich sie der Redaktion durchtelefonierte, ahnte ich nicht, daß drei Tage später der Aufstand in Berlin ausbrechen würde. Der Bundeskanzler sicher auch nicht.

Die bayerische SPD hatte es besser: Ihre Landeskonferenz fand erst Ende Juni in Weiden statt: Da steckte sich Landesvorsitzender Waldemar von Knoeringen die Erhebung der Arbeiter in der DDR als »glänzendste Rechtfertigung« der gegen Adenauer gerichteten SPD-Politik als rote Nelke ans Revers. Seine Prophezeiung,

Bundestags-Wahlkampf 1953 mit einem nachträglich »verfremdeten« Adenauer-Plakat.

daß, »wenn die Sowjetzone einmal frei ist, ihre Arbeiter sozialdemokratisch wählen werden«, wollte sich 1990 und danach freilich nicht so recht erfüllen

Bleibt die Bayernpartei. In ihrer Hochburg Passau wählte sie den noch nicht mal ein Jahr agierenden »Preußenfresser« Jakob Fischbacher aus Rimsting am Chiemsee als Landesvorsitzenden ab und wandte sich dem Münchner Rechtsanwalt Anton Besold zu, einer eher »salonbayerischen« Figur. Und der schwenkte auch sogleich auf »Adenauer-Kurs« ein, was Folgen haben sollte.

Dann die Bundestagswahl selbst, am 6. September. Der DDR-Aufstand und die Furcht vor sowjetischer Expansion (sozialpolitische Aspekte spielten kaum eine Rolle) verhelfen CDU und CSU zu einem großen Sieg: 244 Sitze, alle anderen 243. Doch mit dem armseligen Mandat mehr will Adenauer die großen anstehenden Entscheidungen nicht angehen. Wieder nimmt er FDP und Deutsche Partei und dazu den BHE ins Kabinett, schafft sich eine solide Mehrheit gegen die 150 Sitze der SPD-Opposition. Die Bayernpartei aber fällt durch den Rost der Fünfprozentklausel. Einst mit 17 Streitern gegen Bonn in Bonn vertreten, ist sie jetzt auf Null. Ludwig Max Lallinger, Kriminalkommissar a. D. und Landtagsabgeordneter, der einst in einer rauchigen Münchner Wirtschaft die Partei gründete, sagt sich vom neuen »Zentralismus-Kurs« los.

Von da an gibt es kurzzeitig zwei Bayernparteien. Von denen niemand recht weiß, welche die bayerischere ist.

Straßenschlacht um den Ladenschluß

Diese leidigen Ladenschlußzeiten! Ein immergrünes Reizthema seit den Anfängen der Bundesrepublik bis in die heutigen Tage. Unzählige Proteste und Demonstrationen gab es um die Feierabendstunde für Verkäufer und Verkäuferinnen, doch so scharf wie einst in München ging es seitdem nie wieder zu.

Alles lief doch so gemütlich seit 1945. Damals, als es ohnehin nichts zu kaufen und verkaufen gab, hatte es sich eingebürgert, daß an Samstagen spätestens um 14 Uhr die Rollos vor den Läden heruntergelassen wurden.

Eine Bundesregelung aus Bonn ließ inzwischen zu, bis 17 Uhr offenzuhalten, doch daran dachte in Münchens Geschäftswelt vorerst kaum jemand.

Als einige mittelgroße Geschäfte versuchten, möglich zu machen, was in fast allen anderen deutschen Großstädten praktiziert wurde, mußten sie bald aufgeben. Muskulöse Männer der Gewerkschaft standen vor den Eingängen und schreckten Kunden ab, die unverfrorenerweise am Samstagnachmittag einkaufen wollten.

Doch eine »zuagroaste« Firma aus dem Norden wollte es unbedingt wissen und rührte an das Tabu: das deutsch-holländische Bekleidungshaus C & A Brenninkmeyer, das gerade erst in der Kaufingerstraße einen Kauftempel hochgezogen hatte. Eine Anzeigenkampagne mit Billig-Angeboten und der Frage »Muß alles so bleiben wie bisher?« warb für einen 17-Uhr-Ladenschluß. Und heizte gleichzeitig die Stimmung der Gegner an.

Der Ladenschluß war auch damals schon ein Reizthema.

Mit Wasserwerfern ging die Polizei gegen Demonstranten in der Münchner Kaufingerstraße vor.

Einige Samstagdemonstrationen mit mäßiger Gewaltanwendung liefen voraus. Doch als C & A ankündigte, am Wochenende des 20. Juni tatsächlich erstmals bis 17 Uhr offenzuhalten, kam es zur Explosion.

Das war sinnigerweise am Eröffnungstag der Verkehrsausstellung auf der Theresienhöhe durch Bundespräsident Heuss und drei Tage nach dem Volksaufstand in der DDR. Die Münchner in Deutschland-West hatten offenbar andere Sorgen als die Menschen in Ost-Berlin.

Ich kann mir kaum vorstellen, daß es nur Verkaufspersonal war, das von der Gewerkschaft in der Kaufinger- und Neuhauser Straße, der heutigen Fußgängerzone, zusammengetrommelt wurde und die damalige Hauptverkehrsader der Stadt blockierte. Jedenfalls waren es Zehntausende, und vielleicht war der heiße Junitag daran schuld, daß auch Sympathisan-

ten und Neugierige zuhauf da waren und so was wie Gaudi suchten.

Ein regelrechter Sturm auf das Haus C & A begann, die noch in Blau gekleidete Münchner Polizei hielt dagegen. Wasserwerfer spritzten ohne großen Abwehrerfolg, bis schließlich die nächste Stufe griff: Vier motorisierte Hundertschaften der noch ganz jungen Bayerischen Bereitschaftspolizei, vom SPD-Innenminister Wilhelm Hoegner vorsorglich herangekarrt und bereitgestellt, drangen, richtig generalstabsmäßig, von allen Seiten her in den Kern der Altstadt vor, fast bürgerkriegsmäßig im Stahlhelm und mit Karabinern.

Hitzige »Gefechte« entwickelten sich, weil, wie Gewerkschaften und Zeitungen tags darauf behaupteten, »Rowdies der kommunistischen Freien deutschen Jugend« von den Dächern der Behelfsbauten herab mit Brettern, Ziegeln und Dachrinnen in den Kampf eingriffen. Wie auch immer: Als ich die erste Hundertschaft des Hauptkommissars Reiser bei der »Räumung« von Rindermarkt und Rosenstraße begleitete, bekam ich prompt einen Stein an den Kopf und eine entsprechende Beule. Mit den Splittern zerbrochener Scheiben, Ziegelscherben und Balkentrümmern übersät, glichen manche Straßen einem Schlachtfeld. Über hundert Personen wanderten in die »grünen Minnas« der Polizei.

Am Samstag darauf war übrigens Waffenstillstand in dem dann später langsam verebbenden »Ladenschlußkrieg«. Da gab es nämlich wieder »Patronatsbier« der Hackerbrauerei anläßlich eines Richtfestes in 100 Meter Höhe über der Innenstadt. Diesmal waren die Kuppeln der Frauenkirche dran. Der Bombenkrieg hatte 1944 die kupferne Abdeckung der 1525 aufgesetzten »welschen Hauben« wie welkes Laub weggefegt. Mit Bretterverschalungen wurden nach 1945 die Hauben behelfsmäßig bedeckt. Jetzt waren sie morsch, und die vom »Münchner Merkur«-Chefredakteur Felix Buttersack ins Leben gerufene Bürgervereinigung, die schon den »Alten Peter« wieder aufgebaut hatte, nahm sich der weltweit als Wahrzeichen Münchens geltenden Frauentürme an.

Die behäbigen Kuppeln wurden in dauerhaftem Stahlbeton neu geformt und mit mehr als 1000 Quadratmetern sündteuerem Kupferblech umkleidet. Heute sind sie längst wieder, wie ehedem, mit einer grünen Patina bedeckt und werden, hoffentlich, einigen weiteren Jahrhunderten standhalten.

Berner Siegestor, Bonner Eigentor

Und wieder einmal gab es eine Viermächtekonferenz, angeblich *die* entscheidende. In Berlin setzten sich die Außenminister der zerstrittenen Siegerstaaten mal im Osten, mal im Westen der Stadt siebenundzwanzigmal an einen Tisch. Ihre Namen haben viele heute schon vergessen: John Foster Dulles, USA (kantig, fordernd), Sir Anthony Eden, Großbritannien (elegant, zurückhaltend), Georges Bidault, Frankreich (verbindlich, vermittelnd), und Wjatscheslaw Molotow, Sowjetunion (grimmig, unberechenbar). Erneut ein langes Scheingefecht um die Vereinigung der längst eigenständig gewordenen zwei deutschen Republiken. Doch nicht mal über die Zukunft Österreichs, das »erste Opfer von Hitlers Agressionsgelüsten«, fand man einen Konsens.

Immerhin aber stellte Molotow bei der Rückfahrt aus West-Berlin in seine Ost-Residenz ständig neue Rekorde auf: von sechs bis dann nur noch drei Minuten. Und der Wirt des Münchner »Platzl« schickte dem Amerikaner Dulles, »um dem ewigen Kaviareinerlei abzuhelfen«, 50 Weißwürste. Ob und wie Dulles sie genossen hat, ist leider nicht überliefert.

Verbürgt ist dagegen, daß in diesen Januar- und Februartagen 1954 in München ein Fasching tobte, der nicht nur dem »Familienbund Deutscher Katholiken«, sondern auch der Obrigkeit ganz offenbar zu weit ging. Hatte schon Faschingsprinz Georg I. den närrischen Untertanen empfohlen, die Eheringe zu Hause zu lassen, so trieben es Ballveranstalter und Künstler wie der Maler Mac Zimmermann noch schlimmer. Freizügige Plakate des

So gejubelt haben die Münchner schon lange nicht mehr.

»Deutschen Theaters« wurden mit Strafbefehl bedacht und bildhübschen Mädchen ein schwarzer Schurz vorgebunden. Prompt wurde SPD-Innenminister Wilhelm Hoegner, der seine Polizei angewiesen hatte, »dafür zu sorgen, daß die öffentliche Sittlichkeit gewahrt bleibt«, zum Gaudi-Max auf allen Bällen und in den Faschingsausgaben der Münchner Zeitungen.

Nicht so recht zum fröhlichen Treiben paßte die sogenannte »Wehrergänzung« des Grundgesetzes, die der Bundestag mit der Zweidrittelmehrheit der Koalition verabschiedete: Vorleistung auf dem Weg der Wiederbewaffnung, der noch im selben Jahr die Bundesrepublik zur NATO führte, nachdem die Franzosen die Deutschen nicht in der »Europäischen Verteidigungsgemeinschaft (EVG)« haben wollten. Jetzt müssen sie die Kröte andersrum schlucken.

Dabei hat Paris schon Sorgen genug, denn es ist drauf und dran, die wertvolle Kolonie Indochina zu verlieren. Truppen des Kommunistenführers Ho Tschi-minh belagern 55 Tage lang das mit einem Ring von Stützpunkten umgebene Dien Bien Phu im Norden Vietnams – dann fällt im Mai die bis zuletzt tapfer verteidigte »Festung«. Ein furchtbarer Schock für Frankreich, das dort 16 000 Mann verliert, darunter viele deutsche Fremdenlegionäre.

Ho Tschi-minh siegt, Vietnam wird am 17. Breitengrad in einen roten Norden und einen angeblich demokratischen Süden geteilt. Die Sorgen, die die Franzosen losgeworden sind, fallen ein Jahrzehnt später auf die Amerikaner, als sie sich auf den verhängnisvollen Vietnamkrieg einlassen.

Atombombentests in der freien Atmosphäre in Ost und West waren in den fünfziger Jahren an der Tagesordnung, ohne daß sich irgendwo besonderer Widerstand geregt hätte – die Menschheit nahm sie eben so hin. Eine H-Bomben-Explosion auf dem südpazifischen Eniwetok-Atoll allerdings löste doch erste Alarme aus: Der Wasserstoff-Sprengsatz war 600mal mächtiger als die 1945 auf Hiroshima abgeworfene Bombe und ums Doppelte stärker als vorausberechnet. Präsident Eisenhower mußte eingestehen, daß der Test der Kontrolle der Wissenschaftler entglitten war.

Sagt Ihnen der Name Dr. Otto John noch etwas? Der Mann war erster Präsident des Bundesamtes für Verfassungsschutz und verschwand über Nacht von West- nach Ost-Berlin. Von dort aus ließ er Tiraden gegen die Bonner Politik los. Eineinhalb Jahre später – ich greife voraus – wechselte er erneut die Fronten, kam dann in der Bundesrepublik wegen Landesverrats ins Zuchthaus. Noch heute behauptet der jetzt 87jährige, seinerzeit entführt worden zu sein.

Alle innen- und außenpolitischen Querelen sind für die Bundesbürger vergessen, als ihre Nationalmannschaft am 4. Juli beim Endspiel in Bern unerwartet Ungarn mit 3:2 schlägt und erstmals Fußballweltmeister wird. Das wog vieles auf.

Bescheiden mit der Eisenbahn kamen die »Helden von Bern« am Münchner Hauptbahnhof an. Dann in offenen Mercedes-Wagen durch die völlig verstopfte Innenstadt zum Marienplatz. Wenn ich mir die alten Fotos von damals ansehe, bin ich sicher, daß seitdem niemals mehr so viele glückliche und begeistert jubelnde Menschen die heutige Fußgängerzone füllten wie einst zur Begrüßung von Sepp Herbergers und Fritz Walters Mannen.

Stürmisch gefeiert: Kapitän Walter, Bundestrainer Herberger und DFB-Vizepräsident Huber.

Der SPD-Baron landet den großen Coup

Die Wahl zum dritten Bayerischen Landtag am 28. November 1954 hatte es in sich. Nicht nur, weil 82,6 Prozent der Bürger zu den Urnen gingen (eine Beteiligung, die einsam dasteht), sondern auch wegen des Ergebnisses und was daraus entstand: eine Sensation, eine Wende, ein Experiment.

Am Montag nach der Wahl konnte die CSU triumphieren: Von lausigen 27,4 Prozent im Jahr 1950 war sie auf 38,4 Prozent hochgeschnellt und wieder stärkste Partei. Von ihren bisherigen Koalitionspartnern hatte sich die SPD gehalten, der BHE 2 Prozent verloren. Die oppositionelle FDP blieb mit 7,2 Prozent etwa gleich, aber das Wichtigste war: Der Erzgegner Bayernpartei war um mehr als 4 Punkte auf 13,2 Prozent abgesackt.

Alles schien gerichtet. Der bedächtige Hans Ehard konnte eigentlich in seinem vierten Kabinett weitermachen wie bisher. Oder auch mit der Bayernpartei eine konservativ-weißblaue Koalition schließen und so die Abgespaltenen so eng umarmen, daß sie bald in den Mutterschoß CSU zurückkehren müßten.

Doch es kam alles ganz anders. Es kam ein Paukenschlag, der den Freistaat erschütterte wie nie mehr seitdem.

Joseph Baumgartner hatte seine BP nach vielen Querelen und Führungskrisen erneut auf Trab gebracht, als er Ende 1953 wieder den Vorsitz übernahm. Im Sommer darauf postulierte er auf der Landesversammlung in Straubing unter tosendem Beifall, daß es »ohne Bayernpartei keine bayerische Regierung« mehr geben dürfe. Und danach handelte er.

Es waren aufregende Spätherbsttage im Maximilianeum – für die Abgeordneten der neuformierten Fraktionen und für uns Landtagsjournalisten. Informationen und Desinformationen, Gerüchte und Tatsachen waren zu prüfen und zu werten. Die CSU wollte nicht mehr so recht mit der SPD, und die SPD nicht mehr mit der CSU – Bonner Einflüsse wurden deutlich spürbar. Die Bayernpartei schwankte: mit der CSU oder gegen sie? Und wie könnte man mit den Sozis oder gar dem BHE, der »Flüchtlingspartei«, auskommen?

Da lacht das Vierer-Koalitionsgespann (v. li.): Walter Stain (BHE), Joseph Baumgartner (BP), W. von Knoeringen (SPD) und Otto Bezold (FDP).

Im Hochmut des Wahlsieges machte die CSU taktische Fehler. Beispielsweise verweigerte sie, wie ich im »Merkur« melden konnte, dem BP-Chef Baumgartner das begehrte Landwirtschaftsministerium. Und von der rundum geforderten überkonfessionellen Lehrerbildung auf Hochschulen wollte sie nichts wissen. Ihr Fraktionsvorsitzender, der bürstig-grauhaarige Prälat Georg Meixner, bestand auf »unbedingten Führungsanspruch«.

Ich fühlte mich seinerzeit als »Merkur«-Reporter von allen Seiten nicht schlecht informiert. Baumgartner versprach mir sogar, als er mich in seinem BMW vom Maximilianeum zu meinem (und später auch seinem) Stammlokal »Kirchstein« mitgenommen hatte, in die Hand: »Ich mach's, wenn die Fraktion mitmacht.«

Sie machte mit, und der entscheidende Tag war Mittwoch, der 8. Dezember – die CSU-Fraktion war wegen des »halben Feiertags« Mariä Empfängnis bereits nach Hause gegangen. In und zwischen den Sitzungssälen der vier anderen Fraktionen aber herrschte emsige Geschäftigkeit. Unter strenger Geheimhaltung, versteht sich. Wenn ein Abgeordneter mal raus mußte, begleitete ihn ein zweiter, um uns Reportern keine Gelegenheit zu geben, auf dem Pissoir Erkenntnisse zu sammeln.

Dann überschlagen sich die Ereignisse. Eine vierköpfige Bayernpartei-Delegation fährt in die Staatskanzlei zu Ministerpräsident Ehard. Als sie zurückkommt, sagt ihr Leiter Dr. August Geiselhöriger: »Nix is, nix is.« Was ist nix?

Die BP-Fraktion hält das letzte Angebot Ehards für »geradezu beleidigend«. Als Baumgartner gegen 18.20 Uhr eine Hinwendung zur Regierungskoalition gegen die Christlich-Sozialen bekannt gibt, wirft ihm die FDP-Abgeordnete Hildegard Brücher einen Handkuß zu.

Am Tag darauf ist alles endgültig klar.

War zu selbstsicher: CSU-Fraktionschef Meixner.

Waldemar von Knoeringen, der große Regisseur des Coups, der den Wahlsieger CSU in die Opposition schickt, ist am Ziel: die Viererkoalition aus SPD, Bayernpartei, BHE und FDP steht. Regierungschef wird Wilhelm Hoegner, doch ansonsten lassen die Sozis in weiser Bescheidenheit die drei Partner eine Menge Stühle an den Kabinettstisch rücken. Die solide Mehrheit im Landtag beträgt 121 gegen gerade mal 83 Sitze der CSU. Die ist wie vor den Kopf geschlagen, diskutiert, wie das geschehen konnte. Doch ihr Exministerpräsident Ehard wird anständig mit 157 von 200 Stimmen zum Landtagspräsidenten gewählt.

In Bayerns Zeitungen löst die »Wende« Empörung, Freude, Entsetzen und Genugtuung aus – je nachdem. »Merkur«-Chefredakteur Dr. Felix Buttersack verdonnerte mich zu einer Analyse der Lage vor der

Redaktionskonferenz. Dann galt sein Wort: »Wohlwollend-kritisch begleiten.« Was es ihm angetan hatte, war die Parole, die Waldemar von Knoeringen der Vierer-koalition mit auf den Weg gegeben hatte: »Mehr Licht über Bayern«. Der weiß-blaue SPD-Freiherr als politischer Zimmermann trat nicht in die Regierung ein. Als Vorsitzender des von ihm geschaffe-nen »Koalitions-Ausschusses« sah er seine Aufgabe darin, Konflikte der so unterschiedlichen Partner schon im Vorfeld zu entschärfen.

Als ich ihn später einmal fragte, warum er nicht ein Regierungsamt übernommen habe, erwiderte er: »Ich möchte auch weiterhin im Urlaub mit meiner Familie irgendwo zelten können.«

Tödlicher Fehlstart in das Jet-Zeitalter

Sagt Ihnen das Schnapszahl-Datum 5. 5. 55 etwas? Muß es nicht, aber immerhin endete an diesem Tag das »Besatzungsregime« offiziell, und die Bonner Republik wurde wieder mal ein Stück souveräner. Aus den »Hohen Kommissaren« wurden »Botschafter«, die Bundespräsident Theodor Heuss brav ihre Beglaubigungsschreiben überreichten.

Auch für Bayerns Nachbar Österreich wurde es ein blühender Mai. Im Wiener Belvedere, dem Lustschloß des Prinzen Eugen, wurde der »Staatsvertrag« unterzeichnet, der mit Verpflichtung zur »immerwährenden Neutralität« das Land von den vier Besatzungsmächten befreite. Stalins Nachfolger im Kreml, Parteisekretär Nikita Chruschtschow und Ministerpräsident Nikolai Bulganin, waren plötzlich nachgiebig geworden. Wohl, weil Österreich nur eine kleine Figur im weltweiten Machtspiel war, und seine Neutralisierung einen Riegel zwischen die NATO-Staaten nördlich und südlich der Alpen schob.

Zweifellos hat aber auch der »Wiener Charme« der Unterhändler Julius Raab, Leopold Figl und Bruno Kreisky die Sowjets weichgeklopft. Und ihre Trinkfe-stigkeit, die sie, mit Heurigen-Erfahrung, beim Wodka bewiesen. Übrigens jubelten vor dem Belvedere fast ebenso viele Wiener dem Staatsvertrag zu wie einst im März 1938 Adolf Hitler bei der Heimholung ins Großdeutsche Reich.

Die Verträge, die Bonn weitere Souveränitätsrechte zugestanden, betrafen auch den Luftraum. Die 1926 gegründete Lufthansa lebte mitsamt dem stilisierten Kranich, ihrem alten Firmenzeichen, wieder auf und beflog ein bescheidenes Netz zwischen München, Frankfurt, Düsseldorf und Hamburg. Mit amerikanischen Convair-340, deren zwei 2430-PS-Motoren gewaltigen Krach machten.

Ich war bei einem Einführungsflug dabei, als Journalisten sozusagen als »Versuchskaninchen« über die Strecken geschaukelt wurden – bei saumäßigem Wetter überall. Daß die Kapitäne, damals alle Briten, die Maschinen durch tiefe Wolken und Schneeschauer sicher auf die Piste zurückbrachten, hielt ich als Expilot für selbstverständlich. Weit mehr imponierte mir, was unterwegs von hübschen Stewardessen trotz heftigem Schütteln und Rumpeln aufgetischt wurde. Appetitlich in Plastikschalen gereichte Hühnchenteile, Räucherzunge und Waldorfsalat waren ja für uns noch was völlig Neues. Ebenso die in Cellophan frischgehaltenen Semmeln und die Kaffeesahne in Tuben.

Bei Kaffee und Kuchen war man den Flugzeugen ganz nahe: München-Riem in den 50er Jahren.

Spät erst durften die Deutschen wieder starten, alle anderen waren weit voraus. Die skandinavische SAS beispielsweise sorgte für eine Sensation: Sie legte ihre Verbindungen von Europa nach Amerika über den Nordpol! Über jenen Punkt der Erdachse, den zu erreichen sich kühne Forscher seit mehr als einem Jahrhundert bemüht hatten. 7000 Meter über der arktischen Eiswüste, durch die jene sich mit Hundeschlitten und Kajaks quälten, dinierten nun Passagiere bei Kaviar und Champagner.

Freilich waren auf diesen 27-Stunden-Flügen zwischen Kopenhagen und Los Angeles noch Zwischenlandungen auf Grönland und in Kanada nötig. Aber rund acht Stunden waren gegenüber der Atlan-

tikroute eingespart. Was damals zwischen den Kontinenten flog, waren ausschließlich amerikanische Viermotorige. Die USA hatten durch ihre Bomberproduktion während des Krieges einen gewaltigen Vorsprung errungen und setzten ihn nun auf dem explodierenden Markt des Weltluftverkehrs ein.

Großbritannien ging mit modernster Technik dagegen an. Nach den Deutschen, die 1944/45 die ersten Düsenflugzeuge eingesetzt hatten, waren die Briten am weitesten mit dem neuen, sensationellen Antrieb vorangekommen. Die Firma De Havilland brachte das allererste Düsenverkehrsflugzeug heraus, und die BOAC, die damalige britische Luftverkehrsgesellschaft, fing im Frühjahr

1952 an, mit dieser »Comet 1« weltweit Strecken zu befliegen. Überhastet, wie sich alsbald mit einer Katastrophenreihe herausstellte, die bis heute ihresgleichen sucht.

Die unheimliche Serie begann in Rom, als eine »Comet« nicht aus dem Start herauskam. Das lief noch glimpflich ab, aber bei einem ähnlichen Unfall in Karatschi gab es bereits elf Tote. Und gleich darauf fiel eine »Comet« während eines Monsungewitters bei Kalkutta in Bruchstücken vom Himmel: 43 Tote.

Im Januar und April 1954 dann die rätselhaftesten Unglücke: Über dem Mittelmeer, bei Elba und bei Neapel, zerplatzten zwei »Comets« in der Luft: 56 Opfer.

Anders als die meisten heutigen Flugzeuge trug die »Comet« ihre vier Düsentriebwerke nicht in Gondeln unter den Tragflächen, sondern eingebaut im Flügelansatz direkt am Rumpf. Ein schwerer Motorschaden konnte also zum Abbrechen eines Flügels führen. Oder der andere Verdacht: Fehler im Kabinendrucksystem ließen den Rumpf zerplatzen, denn noch nie zuvor waren Passagiermaschinen an die 10 000 Meter hoch mit 800 km/h geflogen.

Die »Comet«, ein Pionierflugzeug, das die Flugzeiten fast halbiert hatte, war am Ende, als die Lufthansa gerade begann. Erst 1958 kam eine rundum verbesserte »Comet 4« wieder in den Dienst der BOAC. Und die junge Königin Elizabeth II. flog tapfer mit einer der ersten Maschinen, um zu zeigen, wie sehr sie dem neuen Jet vertraute.

Ein alter Fuchs in der Höhle des Bären

Es war das große Jahr Konrad Adenauers, des unverwüstlichen 79jährigen. Mit Triumphen und auch mit einer Niederlage.

Mit den ehemaligen Kriegsgegnern im Westen war man im reinen. Man war, seit dem einprägsamen Datum 5. 5. 55 »souverän«, war in die NATO aufgenommen und hatte nun sogar einen richtigen Außenminister: Heinrich von Brentano.

Was aber mit der anderen Siegermacht, der Sowjetunion, die halb Europa kassiert und sich mit der DDR einen eigenen deutschen Staat geschaffen hatte? Wie konnte man mit ihr zurechtkommen?

Kanzler Adenauer, der immer von »Soffjetrußland« sprach, sprang über seinen Schatten, flog im September nach

Die letzten Kriegsgefangenen kehrten aus der Sowjetunion heim.

Historischer Händedruck in Moskau: Bundeskanzler Adenauer (Mitte), Bulganin und Parteichef Chruschtschow (re.).

Moskau, in die Höhle des Bären, zu den neuen Kremlherren Nikolai Bulganin und Nikita Chruschtschow. Dramatische Verhandlungstage, über die Fritz Meurer für den »Merkur« berichtete. An gegenseitigen Vorwürfen wurde ebenso wenig gespart wie an Wodka, Krimsekt und Kaviar. Als die Bonner bei einer Gegeneinladung nach Bachforellen, Holsteiner Schinken und garniertem Rehrücken Schwarzwälder Kirschwasser offerierten, sagte Chruschtschow, der sich an einem »Doppelten« verschluckt hatte, anerkennend zum trinkfesten Bundestags-Vizepräsidenten Carlo Schmid: »Das ist ja ein Schnaps, den nur Ochsen vertragen, man muß auf die Deutschen aufpassen.«

Ins Album der Weltgeschichte eingeklebt ist das Foto, auf dem Adenauer in der Zarenloge des Bolschoitheaters spontan die Hände Chruschtschows und Bulganins ergreift. Und geblieben ist der Handel: Bonn nimmt diplomatische Beziehungen zu Moskau auf, das dafür die letzten, mit willkürlichen Urteilen als »Verbrecher« eingestuften 9626 deutschen Kriegsgefangenen freigibt.

Weniger glücklich als im Osten agierte der Kanzler im Westen, genauer gesagt, im heutigen Land des Oskar Lafontaine.

Wie schon 1918 hätte Frankreich auch 1945 das Saargebiet gern annektiert, der Kohlenschätze und der Stahlindustrie wegen.

Doch das klappte nie so recht. 1935 hatten die Saarländer nach 15jähriger Völkerbundsverwaltung mit 90 Prozent für die Rückkehr ins Deutsche Reich Adolf Hitlers votiert. Jetzt, zwanzig Jahre später, stand wieder eine Volksabstimmung an.

Es ging um das »Saar-Statut«, das Konrad Adenauer mit Paris ausgehandelt hatte: eine Art »Europäisierung« des längst in das französische Wirtschafts- und Zollgebiet einbezogenen Kohleländchens. Regiert wurde es vom Vorsitzenden der »Christlichen Volkspartei«, Johannes Hoffmann, einem jovialen, den Genüssen des Lebens nicht abholden Mann. Mit rundem Kopf, dicken Backen, weißem Bärtchen, dürftigem Haarkranz und mächtiger Hornbrille war er ein Fressen für Karikaturisten.

»Joho« bekam erst Konkurrenz, als genau drei Monate vor dem Abstimmungstermin auch »deutsche Parteien« an der Saar zugelassen wurden. Ableger, aber nicht gerade Hätschelkinder von CDU, SPD und FDP. Sie alle verwarfen das Statut.

Der »Merkur« schickte mich im Sommer und Herbst 1955 mehrmals nach Saarbrücken, wo es wegen der internationalen Journalisteninvasion kaum mehr Hotelzimmer gab – eins mit Telefon sowieso nicht. Bei der Zollkontrolle im Zug zwischen Kaiserslautern und Homburg durchwühlte eine als »Madame« bekannt-berüchtigte Beamtin meinen Koffer jedesmal bis zum Grund.

Nie wieder habe ich als Reporter einen derart emotional geführten Wahlkampf erlebt. Polizei mit Tränengas und Wasserwerfern gegen Demonstranten, die »Deutsch ist die Saar« sangen. Und deren Parole gegen Hoffmann, skandiert auf den Straßen und zehntausendfach als Winzig-

Parolen an der Saar. Johannes Hoffmann, genannt der Dicke, verlor die Volksabstimmung.

Plakate überall angepappt, ganz simpel lautete: »Der Dicke muß weg!«

In die aufgeheizte Atmosphäre fiel ein Kanzlerwort wie ein Sturzbach: Adenauer forderte die Saarländer auf, »ja« zum Statut zu sagen. Die »deutschen« Parteien, zumal die Saar-CDU, sahen das als »Dolchstoß«, fühlten sich verraten. Und blieben beim Nein.

Als in der Nacht des 23. Oktober die Stimmen ausgezählt wurden, rauften sich im Saarbrücker Landtagsgebäude 300 Reporter um 15 Telefonzellen: Das Statut, das der Kanzler befürwortet hatte, war von den Saarländern mit 67,7 Prozent abgelehnt worden. Eine Watsch'n, die allererste, für Adenauer.

Doch der »Alte von Rhöndorf« machte mit Paris das Beste daraus: Am 1. Januar 1957 wurde das Saargebiet zehntes Bundesland.

Einer, dem es in die Wiege gelegt war, einmal über einen einst bayerischen Gutteil dieses Landes zu herrschen, war inzwischen in München mit Pomp zu Grabe getragen worden: Kronprinz Rupprecht von Bayern, Generalfeldmarschall des Ersten Weltkriegs, war im August auf seinem Gut Leutstetten bei Starnberg im Alter von 86 Jahren gestorben. Zehntausende von Münchnern säumten den Weg des Trauerkondukts. Hinter dem von sechs Rappen gezogenen und von Bereitschaftspolizei im Stahlhelm begleiteten Sargwagen schritt neben anderer politischer Prominenz auch ein bis dahin weitgehend unbeschäftigter Bundesminister für Sonderaufgaben, dessen Stern bald danach kometenhaft aufgehen sollte: Franz Josef Strauß.

Brandfackeln an Donau und Suezkanal

Nun sind sie also da, die 500 Freiwilligen der neuen Bundeswehr, die ersten deutschen Soldaten, nachdem die letzten des verlorenen Krieges gerade erst aus sowjetischer Gefangenschaft zurückgekehrt sind. In Andernach am Rhein zogen sie am 2. Januar 1956 ihre dunkelgrauen Uniformen an, in denen sie eher Hotelportiers als Vaterlandsverteidigern glichen. Den Modeschöpfern des Bundesverteidigungsministers Theodor Blank war Militärisches gegen den Strich gegangen.
Weitere 72 000 Freiwillige, meist kriegsgediente, gesellten sich im Lauf des Jahres hinzu. Die allgemeine Wehrpflicht, wie einst zu Kaisers und Hitlers Zeiten, beschloß der Bundestag gegen erbitterten Widerstand der Sozialdemokraten und trotz heftiger »Ohne uns«-Kampagnen erst im Sommer.
Um es gleich vorwegzunehmen: Theodor Blank war mit der Herkulesarbeit einer Armeeaufstellung überfordert. Kanzler Adenauer schaßte ihn schon nach zehn Monaten und berief den bulligen Durchsetzer Franz Josef Strauß als Nothelfer.

Der Mann aus München-Schwabing – erst arbeitsloser »Sonderminister«, dann als erster »Bundesminister für Atomfragen« ab Oktober 1955 endlich eingespannt – erhielt nun jenes Amt, das er, wie er in seinen »Erinnerungen« bekennt, schon immer anstrebte. Er übernahm es mit besonderer Genugtuung, weil ihm Aden-

Der Helm paßt: Die erste Kleiderkammer der Bundeswehr ist bereit für die nächsten Freiwilligen.

Ungarische Aufständische im Siegesrausch: Doch die Sowjetarmee kehrte mit neuen Panzern zurück.

auer noch zwei Monate zuvor barsch erklärt hatte: »Solange ich Kanzler bin, werden Sie nie Verteidigungsminister!«
Doch zurück ins erste Quartal dieses schicksalsschweren Jahres 1956. Zu den Olympischen Winterspielen im Dolomitenort Cortina d'Ampezzo will und will kein Schnee fallen – die italienische Armee muß ihn mit Lastwagen herbeischaffen. Dann aber geht dort ein Pistenstern auf: Der 20jährige Kitzbühler Postbote Toni Sailer (»der Schwarze Blitz«) holt in allen drei alpinen Disziplinen »Gold« – ein Ruhm bis heute.
Gleich darauf geschieht in Moskau Unerhörtes: Nikita Chruschtschow rechnet auf dem XX. Parteitag der KPdSU, dem ersten seit Stalins Tod, schonungslos mit dem Diktator ab und prangert dessen Verbrechen an. Dieser Auftakt zur »Entstalinisierung« sollte schwerwiegende Folgen haben.
Im polnischen Posen kommt es zu einem Arbeiteraufstand, der blutig niedergeschlagen wird, aber dennoch eine gewisse Liberalisierung einleitet: Wladislaw Gomulka, zu Stalins Zeiten in den Kerker geworfen, wird zum bestimmenden Mann in Polen. Auch in der Tschechoslowakei und in Ungarn werden einstige »Abweichler« rehabilitiert. Der Ostblock zeigt erste Risse.

Sprengstoff häufte sich aber auch im Nahen Osten an. Britische Soldaten, die seit 74 Jahren am Suezkanal standen, zogen ab, Abd el Nasser, Ägyptens revolutionärer Staatschef, verstaatlichte die Wasserstraße. Frankreich und Großbritannien wollten das nicht hinnehmen.

Ende Oktober überstürzen sich die Ereignisse. An zwei Brennpunkten lodern Flammen auf, die um ein Haar die ganze Welt hätten in Brand setzen können.

In Budapest wird am Abend des 23. Oktober das 7 Meter hohe Stalin-Denkmal gestürzt – Auftakt einer allgemeinen Erhebung gegen die kommunistische Herrschaft. Das Rundfunkhaus und andere wichtige Gebäude werden gestürmt, Mitglieder der verhaßten Staatspolizei grausam gelyncht, eingreifende Sowjetpanzer mit Molotowcocktails vernichtet. Verbände der ungarischen »Volksarmee« gehen zu den Aufständischen über, blutige Straßenkämpfe mit den Russen toben. Imre Nagy, ein gemäßigter Reformkommunist, wird Ministerpräsident und Hoffnungsträger. Moskau verspricht ihm den Rückzug seiner angeschlagenen Truppen aus Ungarn. Und aus Budapest rücken sie tatsächlich ab. Euphorie bricht aus.

Da greifen am 30. Oktober israelische Panzerverbände überfallartig die Ägypter auf der Sinaihalbinsel an, stoßen auf den Suezkanal vor. Ein Komplott mit Paris und London wird deutlich, denn als Nasser sich weigert, seine Truppen vom Kanal zurückzuziehen, bombardieren Franzosen und Briten ägyptische Flugplätze, versammeln eine Landungsflotte und setzen schließlich Fallschirmjäger in Port Said ab.

Die Entwicklung könnte nicht dramatischer sein. USA und UdSSR verurteilen die Intervention, fordern Waffenstillstand. Moskau droht mit Fernraketen, die damals noch kein anderer Staat besitzt. Nasser kündigt bereits den Beginn des Dritten Weltkriegs an, und die USA sind weitgehend gelähmt, weil gerade ein Präsident gewählt wird. Doch Eisenhower, der alte, wird auch der neue.

Inzwischen kehren die sowjetischen Panzer nach Ungarn zurück, walzen jede Verteidigung nieder. Radiostationen fangen erschütternde Hilferufe letzter Widerstandsinseln auf: »Wir gehen unter! Warum greift die NATO nicht ein?« Ein deprimierender, grauer November ganz nahe einer Weltkatastrophe, vor der England, Frankreich und Israel, Amerika und die Sowjetunion dann doch zurückscheuten.

Über die Autobahn und die Bahnlinie von Salzburg her aber rollten in diesen dramatischen Tagen viele Tausende nach Bayern, die vor der kommunistischen Rache in Ungarn flohen. Der Flughafen Riem wurde zum Umschlagplatz für jene Glücklichen, die gleich in die USA durften. Richard Nixon, eben wieder Vizepräsident geworden, kam eigens nach München, um zu sehen, ob die Luftbrücke auch funktionierte.

Von »Asylanten« sprach übrigens damals niemand.

Siegesparole: Keine Experimente!

Ende des Jahrhunderts soll sie Wirklichkeit sein: die Europäische Währungsunion. Da werden dann mehr als 40 Jahre vergangen sein, seit die Regierungschefs von Frankreich, Deutschland, den Niederlanden, Belgien, Italien und Luxemburg, von denen heute keiner mehr lebt, die »Römischen Verträge« unterzeichneten: Gründung einer Europäischen Wirtschaftsgemeinschaft (EWG) und der EURATOM zur friedlichen Nutzung der Kernenergie. Alles, was seitdem in Europa voranging oder auch schief lief, nahm an jenem 25. März 1957 seinen Anfang. Über atomare Waffen entstand freilich alsbald Zoff. Bundeskanzler Adenauer sah in deren taktischer Anwendung lediglich eine »Weiterentwicklung der Artillerie« und hielt sie ebenso wie sein Verteidigungsminister Franz Josef Strauß angebracht für die Bundeswehr. Was wie-

Minister Strauß heiratete in Rott am Inn. Die Feier wurde überschattet vom Tod 15 junger Soldaten.

derum 18 deutsche Kernphysiker, darunter die Nobelpreisträger Otto Hahn und Werner Heisenberg, zu einem dramatischen Gegenappell veranlaßte, der hohe politische Wellen schlug.

Strauß hatte damals Sorgen genug. Nicht nur, daß er die vom Vorgänger Theo Blank zu hoch gesteckten Aufstellungsziele relativieren mußte – er hatte auch das Pech eines allerersten Bundeswehrskandals.

Schuld war der 24jährige Unteroffizier Julitz, der am 3. Juni 1957 die 27 Luftlandejäger seines Zuges aufforderte: »Jetzt gehen wir durch die Iller, wer nicht mit will, kann über die Brücke gehen.« Die Jäger aus Kempten gingen mit. Aber 15 von ihnen wurden von der reißenden Iller weggespült. Nach ihren Leichen suchte man tagelang.

Das Unglück, das nach altem Kommiß roch, brachte Strauß um seinen Polterabend. Die Hochzeit tags darauf mit Marianne Zwicknagel in Rott am Inn – Trauzeuge Adenauer – war überschattet.

Noch eine andere Tragödie erschütterte wenig später die Republik: Das Segelschulschiff »Pamir«, einer der letzten Viermast-Windjammer, fiel bei den Azoren einem Orkan zum Opfer. In dramatischen Rettungsaktionen konnten nur sechs der 86 Mann lebend geborgen werden.

»Keine Experimente – Konrad Adenauer!« hatten CDU und CSU auf ihre Plakate für die Wahl zum dritten Bundestag gedruckt. Und die simple Parole schlug durch. Die Union konnte einen nie wiederkehrenden Sieg feiern: 50,2 Prozent, absolute Mehrheit!

Nur noch vier Parteien saßen im Parlament: SPD und FDP in der Opposition; die Deutsche Partei hatte sich durch Listenverbindungen mit der CDU 17 Mandate bewahren können und durfte mitregieren. Ihr Verkehrsminister Hans-Christoph Seebohm konnte richtig loslegen mit dem Bau neuer Autobahnen.

Auf der Strecke blieb der Gesamtdeutsche Block/BHE. Die Interessenpartei der »Heimatvertriebenen und Entrechteten« hatte viel für ihre Wähler erkämpft. Jetzt, da diese eingegliedert waren und vom »Wirtschaftswunder« profitierten, streiften viele die Flüchtlingskleider ab und schlüpften in den gutbürgerlichen Anzug der Adenauer-Parteien. Zumal führende Funktionäre, wie etwa der ehemalige Bundesvorsitzende Theodor Oberländer, ihnen die Kehre bereits vorgeturnt hatten.

In Bayern löste das Bonner Ergebnis ein Erdbeben aus. Hier hatten unerhörte 57,2 Prozent für die CSU votiert – den Parteien der 1954 geschmiedeten Viererkoalition blieben gerade noch 40 Prozent. Ein niederbayerischer CSU-Abgeordneter sagte damals zu mir: »Desmal hätt'n wir auch Strohwisch als Kandidaten aufstell'n kenna, nur schwarz hätten s' halt sein müssen.« Und ein führender Bayernparteiler meinte: »Die Wähler sind uns davongelaufen, jetzt müßen wir hinterher.«

Von da an nagten Wühlmäuse aus allen Parteien an den Grundfesten der Viererkoalition. Der Einsturz war vorauszusehen. Dabei hatte das reformfreudige Bündnis nicht schlecht gearbeitet. Ein paar Pluspunkte, die auch jetzt noch zählen: akademische Lehrerbildung (die zunächst von der katholischen Kirche blockiert wurde), eine Verlängerung der Wahldauer für Gemeindeparlamente von vier auf sechs Jahre und die Errichtung einer Politischen Akademie in Tutzing.

Auch eine »Rechtsbereinigung« fand statt, bei der 1600 seit anno 1802 in Bayern erlassene Gesetze und Verordnungen annulliert wurden. Die Sysiphusarbeit erledigte ein junger Amtsgerichtsrat namens Hans-Jochen Vogel, der bald darauf als Oberbürgermeister von München ein steile politische Karriere beginnen sollte.

Immer mehr Parteien treten zur Bundestagswahl an: Wahlplakate aus dem Jahr 1957.

Erstmals wurde ein zukunftsweisendes Landesplanungsgesetz verabschiedet, und, was manche Sozialdemokraten heute vergessen haben: Stolz stemmte Regierungschef Hoegner einen aus den USA gelieferten Uranbrennstab für den ersten deutschen Forschungsreaktor, das »Garchinger Atom-Ei«, in die Höhe.

Auch der Bayerische Verdienstorden, den seitdem Hoegners Nachfolger alljährlich feierlich verleihen, war eine Idee der Vie-rerkoalition. Und schließlich auch die Zulassung von Spielbanken in bayerischen Kurorten, die dem Freistaat fette Gewinne bringen.

Es wird noch darüber zu reden sein, wie an der Adenauerparole »Keine Experimente« das einmalige Experiment einer Koalition gegen die CSU zerbrach. Dramatisch wie einst bei der Bildung ging es da zu.

Sputnik am Himmel und Endzeit

Es klang wie das Zirpen von Grillen und das Piepsen frischgeschlüpfter Küken – ein eigenartig rhythmisches Tongemisch. Es kam aus der Ionosphäre, weit jenseits der dichten irdischen Lufthülle, und es wurde abgestrahlt von vier fühlerartig ausgestreckten Antennenstäben einer 83,6 Kilogramm schweren Kugel aus dünngewalztem, rostfreiem Stahlblech. Ein künstlicher Mond war am Himmel und umkreiste alle 96,2 Minuten einmal unseren Planeten.

Man schrieb den 4. Oktober 1957, und noch ehe der Tag vorüber war, hatte jedermann auf der Erde, der ein Rundfunkgerät besaß, die Funkzeichen des »Sputnik« im Ohr. Im Osten lösten sie Triumph, im Westen tiefe Bestürzung aus.

Für 1957/58 war ein »geophysikalisches Jahr« angesagt. USA und Sowjetunion versprachen, dazu erdumrundende Satelliten für Forschungszwecke zu starten. Voraussetzung waren leistungsfähige Trägerraketen, Raketen, die in militärischer Version auch den Tod von Kontinent zu Kontinent tragen konnten. Am 27. September hatte Moskau mitgeteilt, daß es eine solche Rakete einsatzbereit habe – doch der Westen tat dies als »Propaganda« ab. Um so heftiger der Schock, als der »Sputnik« den Beweis dafür lieferte.

Und die Sowjets setzten binnen Monatsfrist gleich noch einen drauf: Mit »Sputnik 2« hievte ihre Superrakete nun bereits einen 508 Kilogramm schweren Satelliten in eine Umlaufbahn. In seiner künstlichen Atmosphäre ein Lebewesen: die Hündin »Laika«, deren Körperfunktionen sieben Tage lang zur Erde übermittelt wurden.

Der Versuch der USA, mit ihrer »Vanguard«-Rakete einen Grapefruit-großen Satelliten von nur 1,5 Kilogramm Gewicht loszuschicken, endete schon auf dem Startplatz in einem Feuerball. Die amerikanische Nation war tief gedemütigt.

Aus dem Desaster befreite sie erst ein Deutscher namens Wernher von Braun, der einst in Peenemünde jene erste Fernrakete A4 schuf, die den Propagandanamen V-2 bekam. Er und sein Team, 1945 von den Amerikanern als »Kriegsbeute« vereinnahmt, hängten mit einer improvisierten, heute primitiv anmutenden Trägerrakete am 31. Januar 1958 endlich auch einen 14 Kilogramm schweren, überraschende Meßergebnisse liefernden Satelliten an den Himmel.

Der Vorsprung der Sowjetunion an waffentragenden Interkontinentalraketen war damit freilich nicht eingeholt. Die strategische »Raketen-Lücke« sollte die Politik Amerikas und der NATO noch jahrelang beeinflussen.

Gemessen an den sensationellen Anfän-

Nach dem Konkurs der Vierer-Koalition: der neue Regierungschef Hanns Seidel mit den CSU-Ministern Rudolf Eberhard (li.) und Willi Ankermüller.

Wie ein Geschoß sah der amerikanische »Explorer I.« aus. Er entdeckte den Strahlungsgürtel um die Erde.

gen, den Weltraum für die Menschheit zu öffnen, mutet freilich kleinkariert an, was sich gleichzeitig im Münchner Maximilianeum abspielte. Doch für Bayern war es eben doch von entscheidender Bedeutung: Der einzige Versuch, den Freistaat ohne die Christlich-Soziale Union zu regieren, brach nach 34 Monaten kläglich zusammen.

Vom Schreckschuß des Adenauertriumphes vom September 1957 war schon die Rede. Vor allem die Bayernpartei trieb es nun um. Aber auch die anderen kleinen Partner der Viererkoalition, BHE und FDP, fürchteten, ihre durchaus erfolgreiche Zusammenarbeit mit der SPD könnte ihnen bei der nächsten Landtagswahl nicht honoriert werden. In allen drei Fraktionen schoß der Spaltpilz auf: dabeibleiben und durchhalten oder aufgeben und weglaufen? Die CSU, wieder im Oberwasser, tat mit Lockungen das Ihre dazu. Geheimverhandlungen von Abgeordneten der Bayernpartei und des BHE mit CSU-Vertretern liefen über Tage hinweg, sogar über künftige Ministerposten wurde schon gesprochen. Alles, was da unterderhand vor sich ging, würde beim Nacherzählen Bücher füllen.

Der Knoten aus zitterndem Schwanken, Treueschwüren und Intrigen wurde am Dienstag, den 8. Oktober 1957, abrupt zerschlagen. Wir Reporter eilten damals, wie schon bei der Geburt des Viererbündnisses, im Maximilianeum wieder von Sitzungssaal zu Sitzungssaal, belagerten die Türen, zapften jeden Abgeordneten an, der mal rauskam, weil er dringend mußte.

Nachdem die Bayernpartei beschlossen hatte, den weiteren Bestand der Koalition von einer Abstimmung im Landtagsplenum abhängig zu machen, warf die BHE-Fraktion als erste das Handtuch. Ministerpräsident Wilhelm Hoegner berief eine außerordentliche Kabinettssitzung ein, um die Vertrauensfrage zu beschließen. Es herrschte Endzeitstimmung. BP-Minister Joseph Baumgartner äußerte die Hoffnung, daß die bisherigen guten menschlichen Beziehungen auch weiterhin fortbestehen würden. Darauf Hoegner: »Die guten Beziehungen sind durch Verrat getrübt. Die Sitzung ist geschlossen.«

Später, gegen 21 Uhr, nahm Hoegners Haushälterin am Gartentor ein Schreiben entgegen, in dem die vier Kabinettsmitglieder der BP ihren Rücktritt erklärten. Daraufhin meldete auch Hoegner dem Landtagspräsidenten telefonisch seine Demission.

Als sein Nachfolger wurde der neue Landesvorsitzende der CSU, Dr. Hanns Seidel, zum Ministerpräsidenten gewählt.

Und siehe da: In seiner Mannschaft fanden sich die gleichen fünf Politiker von BHE und FDP wieder, die bisher schon am Kabinettstisch gesessen hatten. BHE-Arbeitsminister Walter Stain, zupackender Exfallschirmjäger, den Hoegner scherzhaft »meinen Hitlerjungen Quex« genannt hatte, avancierte sogar zum Vizeministerpräsidenten. Die Bayernpartei freilich war im totalen Abseits gelandet.

Kaminkehrerbub wird der Millionenbürger

Thomas Wimmer, geboren am 7. Januar 1887 als armer Leute Kind in Siglfing bei Erding, war zeitlebens ein sparsamer Mensch. Auch in seinem Amt als Oberbürgermeister von München, das die ganzen fünfziger Jahre ausfüllte, hielt er es nicht anders. Ob es wirklich stimmt, daß er einer japanischen Delegation nur eine Weißwurst pro Person zugestand, mag dahingestellt sein. Verbürgt aber ist,

OB Wimmer freut sich über Thomas Seehaus, den Münchner »Millionenbürger«.

daß Alfons Schmutzer, der Ratskellerwirt, offiziellen Gästen der Stadt in der Regel nur Menüs zu 5 Mark vorsetzen durfte.

Einmal jedoch zeigte sich der populäre »Wimmer Damerl« ungemein spendabel. Das war, als dem Kaminkehrer-Ehepaar Seehaus am 15. Dezember 1957 ein strammer Bub geboren wurde, der vom OB-Paten den Namen Thomas bekam und ein Sparbuch über 1000 Mark dazu. Denn er war ja, laut Statistik, der einmillionste Münchner Bürger.

Dementsprechend stolz konnte München den 800. Stadtgründungstag feiern. Mit einem prunkvollen Umzug bei Fackel- und Kerzenlicht, den 70 Künstler in 15 Monaten Arbeit gestaltet hatten, als Auftakt. Und dann am 14. Juni 1958 selbst mit hohen Festgästen, Festsitzungen und Festaufführungen – das Rokokojuwel Cuvilliéstheater war gerade wieder erstanden. Was wird wohl anno 2008 sein, beim 850. Jubiläum?

Doch bleiben wir in den fünfziger Jahren, die von den folgenden Jahrzehnten, was Dramatik, Umbruch, Gefahren und Neuerungen anlangte, kaum geschlagen werden konnten – wenigstens für uns Deutsche.

Die noch ungezügelte Freßwelle zu Beginn, die langsam in edlere Genüsse überging. Dann das Streben, sich in wie-

»München leuchtet«, schrieb er einst: Thomas Mann zu Besuch in München.

Trug auch in New York immer Lederhosen: Oskar Maria Graf bei seiner Ankunft in Riem.

deraufgebauten oder neuen Wohnungen des Baubooms modern einzurichten: nichts »Pfühliges« mehr, sondern der niedrige Nierentisch vor eher dünngepolsterten Sitzecken, ein »Radioschrank« mit, wenn man es sich leisten konnte, einer simplen Automatik, die zehn Schallplatten nacheinander abspielte. Auch die Anfänge einer Fernwehwelle kündigten sich an. Erste »Flugpauschalreisen« wurden angeboten und genutzt: 14 Tage Vollpension Mallorca für 499 Mark. Und der »New Look« der Damenmode und seine Nachfolger. Die hauchdünnen Nylon- und Perlonstrümpfe (»sitzt die Naht gerade?«). Und das »Fräuleinwunder« schlanker Gazellen, das die Amerikaner auf einmal entdeckten und das Petra Schürmann sogar zur »Miß World« aufsteigen ließ. München, das zum »Millionendorf« geworden war, alsbald auch »Weltstadt mit Herz« tituliert wurde, war schon wieder Anziehungspunkt für Prominenz. Gina Lollobrigida kam und fand, daß »es höchstens in Buenos Aires so ähnlich gewesen« sei. Thomas Mann und Oskar Maria Graf machten nach langem Exil Besuch, Orson Welles und Alfred Hitchcock fanden sich ein, der Sänger Mario Lanza und viele andere Berühmtheiten. Umjubelt wie niemand sonst: Schah Resah Pahlewi von Persien und seine bildhübsche Soraya – die er bald darauf verstieß, weil sie ihm auch nach dem Bayerntrip keinen Erben liefern konnte.

Das Federballspiel, das damals aufkam, ist noch heute beliebt. Aber kennen Sie auch Hula-Hoop noch, jene angeblich schlankmachende Fertigkeit, einen Reifen durch geschmeidige Körperbewegungen zwischen Brust und Po so kreisen zu lassen, daß er nicht herunterfällt? Das war schwerer, als den Rock 'n' Roll einigermaßen zu absolvieren, der wie ein Fieber die Tänzer erfaßt hatte.

Den einen seiner Könige, Elvis Presley, lernte ich bei einem Wintermanöver auf dem Truppenübungsplatz Grafenwöhr kennen. Da brummte er seine Wehrpflicht als US-Soldat ab und gab sich als guter Kamerad. Und der andere, der wilde Bill Haley (»Rock around the clock«), riß bei Auftritten in Berlin und Hamburg sein Publikum derart hin, daß Mobiliar und sonstiges draufging. »Halbstarke« nannte man solche Randalierer.

Rosemarie Nittribit, eine Edelprostituierte, wurde in Frankfurt ermordet – und sogleich zur Filmfigur der schändlichen Seiten der »Wirtschaftswunderjahre«. Nie verstummten die Gerüchte, sie habe es mit höchsten Freiern getrieben und deshalb sterben müssen.

Ganz so sündig ging es in München freilich nicht zu, aber das Schwabing dieser Jahre bot doch allerlei. Mit ihrer beißenden Satire war die »Lach-und Schießgesellschaft« von der Haimhauserstraße aus auf dem Weg zu republikweiter Berühmtheit. Und gleich daneben in der Occamstraße war jene kleine Kneipe jeden Abend bumsvoll, in der die Wirtin Gisela Jonas mit rauchiger Stimme leicht anstößig sang: »Fast wär ich in den Bun-

Der Nowak ließ sie nicht verkommen: Gisela Jonas.

destag gekommen – doch der Nowak läßt mich nicht verkommen.«

Doch zwischen allem immer auch Politik, einschneidende Ereignisse für die Welt. Fidel Castro vertrieb in Kuba den korrupten Präsidenten Batista, General de Gaulle errichtete nach schweren Krisen als Nothelfer Frankreichs die »Fünfte Republik«. Und Nikita Chruschtschow, inzwischen Alleinherrscher im Kreml, schockte den Westen mit einem Ultimatum, das die Existenz West-Berlins in Frage stellte. Später, als er die USA bereiste und sich als Fachmann für Maisanbau erwies, wurde er zugänglicher.

Hula-Hoop, der neue Sport: US-Matrosen führen ihn den Münchnern vor.

Den innenpolitischen Clou lieferte Konrad Adenauer. Da Theodor Heuss nach zehn Amtsjahren nicht mehr antreten durfte, meldete der 83jährige Kanzler seine Kandidatur als Bundespräsident an. Nach einem, wie er sagte, »zwar schnell gefaßten, aber wohlüberlegten und richtigen Entschluß«.

Zwei Monate darauf ist er anderen Sinnes. Vor allem, weil er Parteifreund Ludwig Erhard, dem »Vater des Wirtschaftswunders«, nicht zutraut, sein Kanzlererbe anzutreten. Das einmalige Polittheater endet damit, daß Bundeslandwirtschaftsminister Heinrich Lübke Bundespräsident wird. Dem biederen Sauerländer und auch der Republik sollte das nicht zur reinen Freude gereichen.

Übrigens: Ende 1959 gab es in der Bundesrepublik 196 000 Arbeitslose, aber 350 000 offene Stellen. Die Zeit der Gastarbeiter begann.

Durch die Spielbank ins Zuchthaus

Kein Witz, sondern Tatsache: Ausgerechnet in der Landesblindenanstalt an der Münchner Lothstraße 62 errichtete der Bayerische Rundfunk sein erstes Fernsehstudio, probte dort den Einstieg in das neue Medium, das in den bewegten fünfziger Jahren zur Sensation wurde.

Zu Weihnachten 1952 war in Hamburg der deutsche Startschuß gefallen, knapp zwei Jahre später war es auch südlich der Donau soweit: Ab 31. Oktober 1954 strahlte der Sender Wendelstein ein Zweistundenprogramm aus, das sich rasch ausweitete, weil der Bayerische Rundfunk als erste ARD-Anstalt Regionalsendungen beisteuerte. Präsentiert von so charmanten Damen der ersten Stunde wie Annette von Aretin, Anneliese Fleyenschmidt oder Ruth Kappelsberger.

Eine Warnung von Papst Pius XII. vor den »schädlichen Folgen für das Familienleben« war freilich nicht schuld daran, daß die Zuschauerzahl erst ganz langsam wuchs. Schon eher der Preis der ersten Schwarzweißgeräte von 1200 Mark, was ein Haufen Geld war. Doch wer es sich leisten konnte, wurde rasch Mittelpunkt eines Verwandten- und Freundeskreises, der fasziniert vor einem kleinen Bildschirm saß, der oft nur grauen Regen statt scharfer Bilder bot.

Wir »Merkur«-Redakteure hielten Distanz zu dem neuen Medium. Das war ja noch nicht in der Lage, aktuelles Geschehen einzufangen, uns Zeitungsleuten Konkurrenz zu machen. Etwas zur Unterhaltung, nicht mehr. Nicht mal im Chefredakteurszimmer stand so ein Apparat.

Doch in den Wohnzimmern marschierten die bewegten Bilder. Am 1. April 1955 gab es ganze 100 000 Fernsehteilnehmer, im Dezember 1958 war es schon eine Million. Und als das Jahrzehnt zu Ende ging, hatten drei Millionen ihr »Pantoffelkino« zu Hause. Dementsprechend ging in den 130 Münchner Lichtspielhäusern die Besucherzahl um 15 Prozent zurück.

Nicht dabei sein konnte das junge Fernsehen, als im Hochsommer 1959 vor dem Landgericht München I ein Prozeß ablief, der von vielen Seiten als »politisches Verfahren«, ja sogar als »Racheakt der CSU« angesehen wurde. Schon einmal, Ende der vierziger Jahre, war ein bayerischer Exstaatsminister – Alfred Loritz, der Leser wird sich erinnern – gerichtlich verurteilt worden. Jetzt waren gleich zwei Kabinettsmitglieder der verflossenen Viererkoalition dran: Dr. Joseph Baumgartner und Dr. August Geislhöringer, beide Bayernpartei.

Das Wort TV-Moderatorin gab's noch nicht, dafür aber die Damen der ersten Stunde: Annette von Aretin (li.) und Anneliese Fleyenschmidt.

Verurteilt, verhaftet, abgeführt:
Joseph Baumgartner.

Nachdem 1955 Spielbanken für Bayern gesetzlich zugelassen wurden, wollten die Gerüchte nicht verstummen, daß es bei der Vergabe der Konzessionen für Bad Kissingen, Bad Reichenhall, Garmisch-Partenkirchen und Bad Wiessee nicht korrekt zugegangen sei. Pikantestes Getuschel: Ein Spielbankbewerber habe dem BP-Abgeordneten Max Klotz ein Sparbuch über 10 000 Mark zukommen lassen, das dieser auf dem Pissoir Innenminister Geislhöringer in die Gesäßtasche schieben wollte.

Auf Antrag der CSU wurde ein parlamentarischer Untersuchungsausschuß eingesetzt. Er konnte den Bestechungsvorwurf gegen die Bayernpartei nicht beweisen, hatte aber später ungeahnte Folgen.

Unter den inquisitorischen Fragen der CSU-Stars im Ausschuß, Dr. Alois Hundhammer und Dr. Rudolf Hanauer, hatte Baumgartner sich etwas undeutlich festgelegt. Er habe den Spielbankbewerber

Karl Freisehner nicht anders behandelt als andere auch, die bei ihm vorsprachen. Und weil der Ausschuß alle Zeugen vereidigt hatte, wurde zweieinhalb Jahre später daraus eine Meineidsanklage gegen ihn und andere.

Da hatte nämlich den ehemaligen Metzger Freisehner, der nur als Unterkonzessionär zum Zuge gekommen war, plötzlich das Gewissen gequält und ihn daran erinnert, daß er vor dem Untersuchungsausschuß falsch ausgesagt habe. Nach mehreren Kontakten mit CSU-Repräsentanten ging er zum Staatsanwalt und erstattete Selbstanzeige.

Der Prozeß brachte unter anderem ans Licht, daß die Familien Baumgartner und Freisehner einander durchaus schon verbunden waren, ehe das Spielbankkarussell sich drehte. Einer der Beweise: Als an einem heißen Sommertag der damals von einem Ministeramt freie »Pepperl« Baumgartner vor dem Swimmingpool der Freisehnerschen Villa stand, sagte er doch tatsächlich: »Gebt's ma schnell a Badhos'n, sonst spring i nackert nei!«

Das drakonische Urteil der Strafkammer unter Vorsitz von Dr. Paul Wonhas, der einst als Heeresrichter in Kiew einige Wehrmachtdeserteure in den Tod geschickt hatte: zwei Jahre Zuchthaus für Baumgartner, ein Jahr und drei Monate Gefängnis für Geislhöringer. Baumgartner wurde noch im Gerichtssaal wegen Fluchtgefahr verhaftet, der reuige Spielbankmanager Freisehner, der einen Teil seiner Untersuchungshaft im Nervenkrankenhaus Haar-Eglfing verbracht hatte, kam am glimpflichsten davon.

Um auch das Ende gleich noch zu erzählen: Baumgartner wurde aus Gesundheitsgründen haftverschont, starb am 21. Januar 1964 an einem Herzleiden. Der »Trommler aus Sulzemoos«, wie er zu besten Bayernpartei-Jahren ob seiner Rednergabe genannt worden war, wurde in seinem Geburtsort, aus dem auch der berühmte Räuber Matthias Kneißl stammte, unter Böllerschüssen beigesetzt. Durch die Ungeschicklichkeit eines Leichenträgers stürzte der Sarg kopfüber in die Grube.

Dr. Dr. Alois Hundhammer, nun Landwirtschaftsminister wie ehedem Baumgartner, legte einen Kranz nieder, würdigte den Toten. Erstaunen bei vielen, die meinten, daß doch auch er einst im Untersuchungsausschuß mitgeholfen habe, Baumgartner und Geislhöringer in einen Meineid hineinschlittern zu lassen.

Ich stand daneben, als ein bäuerlicher Trauergast am Friedhofsausgang Hundhammer grimmig anging: »Is' jetzt besser, weil er da drunt liegt?«

Der stets selbstgerechte fromme Mann stieg wortlos in seinen Dienstwagen.

Flammenhölle an der Theresienwiese

In Bayern waren zu Beginn des neuen Jahrzehnts wieder einmal Kommunalwahlen fällig. München brachten sie am 27. März 1960 eine neue, erfolgreiche Ära, die zwölf Jahre währen sollte.

Thomas Wimmer, der redliche, haushälterische, aber manchen für die neue Millionenstadt nun doch nicht mehr weltmännisch genug erscheinende Oberbürgermeister trat nicht mehr an. Nachdem er zehnmal den ersten Oktoberfestbanzen im Schottenhamelzelt meisterlich angestochen hatte, favorisierte der 73jährige den langjährigen Stadtrat Anton Weiß, 60, als Nachfolger. Doch in der SPD wünschte man sich eine Verjüngungskur: Dr. Hans-Jochen Vogel, seit dem Jahre 1958 Rechtsreferent der Stadt, sollte ran.

Der fühlte sich mit seinen 34 Jahren für das hohe Amt eigentlich noch zu jung und unerfahren, ließ sich aber von Parteifreunden bis hin zum Berliner Regierenden Bürgermeister Willy Brandt doch umstimmen. »München nach vorn« lautete sein Wahlprogramm.

Und das zog. Vogel, der Münchner mit dem Geburtsmakel Göttingen, siegte haushoch. CSU-Konkurrent Dr. Josef Müller, der alterfahrene, mit allen Wassern gewaschene »Ochsensepp«, fuhr nur blamable 22 Prozent ein, der junge Hupfer dagegen 64,3!

Auch seine Partei errang im Stadtrat die absolute Mehrheit, war aber klug genug, sich nicht allein darauf zu stützen. Sie bot

»Ozapft is!« Der neue OB Vogel lernte es vom alten.

Tragödie in Riem: Englische Fußballstars starben in den Trümmern.

der CSU, die nur auf 23,9 Prozent gekommen war, das Amt des 2. Bürgermeisters an. Georg Brauchle übernahm es, und aus beiden entwickelte sich ein gutes Gespann, das acht Jahre lang den Karren der »Heimlichen Hauptstadt« zog, bis Brauchle einem Unfall auf der Autobahn bei Stuttgart zum Opfer fiel.

In einem beeindruckenden Rechenschaftsbericht, den Thomas Wimmer zu seinem Abschied erstattete, spielte der Straßenverkehr eine wichtige Rolle: Als der »Wimmer Damerl« 1948 das OB-Amt übernommen hatte, waren in München 46 645 Kraftfahrzeuge aller Art registriert. Als er in den Ruhestand ging, waren es 154 515. Die Innenstadt mit dem Schnittpunkt Marienplatz drohte zu ersticken.

Als Noch-OB Wimmer mal mit seinem späteren Nachfolger vom Fenster seines Amtszimmers auf das Autochaos vor dem Rathaus hinuntersah, sagte er: »Da bau'n mir gar nichts. Wenn's nicht mehr fahr'n können, dann bleiben die Stinkkarren halt stehen, und dann werden die Leut' endlich gescheiter.« Klang recht grün vor mehr als 35 Jahren . . .

Aber auch vor den Toren der Stadt, auf dem Flughafen Riem, wurde es langsam eng. Als im Mai 1958 erstmals ein Düsenflugzeug, eine lärmende zweistrahlige »Caravelle« der SAS, von Kopenhagen kommend, dort landete, entstieg ihr mit vielen anderen Ehrengästen auch Thomas Wimmer. Beeindruckt erklärte er daraufhin: »München braucht jetzt unbedingt eine zweite Startbahn, weil wir kein Bauerndorf mehr sind, sondern eine Weltstadt.«

Doch damit hatte es was. Heute unbegreifbare Pläne wurden gewälzt und gezeichnet. Eine Parallelpiste 2,2 Kilometer nördlich wurde vorgeschlagen, was die Verlegung von Feldkirchen bedeutet hätte. Dann eine Startbahn im 90-Grad-Winkel von Ismaning aus südlich auf Riem zu. Bis man sich endlich klar wurde, daß da mit Stückwerk nichts zu machen war,

102

daß nur ein Neubau des Flughafens an anderer Stelle in Frage kam.

Eine schreckliche Warnung hatte es in Riem ja schon am 6. Februar 1958 gegeben. Da kam eine zweimotorige britische »Elizabethan« auch beim dritten Versuch nicht von der mit Schneematsch bedeckten Piste hoch, krachte in eine Baracke am Platzrand und zerbrach. 23 Insassen starben, darunter fast die gesamte Meistermannschaft von Manchester United. Zwar war an dem Unfall weniger die mit insgesamt 1907 Metern etwas kurze Startbahn schuld, sondern die Tatsache, daß der Kapitän die Tragflächen nicht enteisen ließ. Aber er zeigte doch auf, wie gefährlich es werden könnte, wenn einmal ein auf die nahe Stadt zu startendes Flugzeug nicht richtig hochkommen sollte.

Am 17. Dezember 1960, am letzten Einkaufswochenende vor Weihnachten, war es dann soweit. Eine Convair 240 der US-Luftwaffe mit 20 Personen an Bord hob um 14.05 Uhr in Riem in westlicher Richtung von der Piste ab. Gleich danach fiel in etwa 90 Meter Höhe der linke Motor aus. In der dünnen Hochnebeldecke fliegend, versuchte der Pilot in weiter Rechtskurve, die über die Stadt führte, nach Riem zurückzukehren. Dabei streifte die Convair mit einer Tragfläche den 97 Meter hohen Turm der Paulskirche, stürzte Ecke Schwanthaler- und Martin-Greif-Straße zu Boden und explodierte. Ein vollbesetzter Straßenbahnzug der Linie 10 daneben fing Feuer – insgesamt 53 Menschen fanden den Tod.

Alarmiert in Ramersdorf, wo ich damals wohnte, war ich eine knappe Stunde später am Katastrophenort, zwei andere »Merkur«-Reporter und unser Fotograf Rudi Dix waren schon da. Ich hatte im

Flammendes Inferno an der Münchner Theresienwiese: Ein Flugzeugabsturz riß 53 Menschen in den Tod.

Krieg viel Grausames gesehen, doch nie eine solch schreckliche Szene mitten in München, mitten im Einkaufsrubel der Vorweihnachtszeit. Noch am Abend kam der »Merkur« mit einer Extraausgabe heraus.

Bundesregierung, Staatsregierung und Stadtrat schworen, nun werde das Problem Flughafen ganz schnell gelöst. Eine solche Katastrophe müsse für alle Ewigkeit unmöglich gemacht werden.

Es dauerte dann nur noch 32 Jahre, ehe der neue Airport im Moos zwischen Freising und Erding in Betrieb ging.

»Kolumbus des Weltraums« landet am Fallschirm

Olympische Spiele, blutige Bürgerkriege, Fußballmeisterschaften, Naturkatastrophen – wo immer auf der Welt sie stattfinden mögen, das Fernsehen bringt sie uns ins Wohnzimmer. Mit jener Drit-

Als erster Mensch im Weltraum: Juri Gagarin.

telsekunde Verzögerung, die lichtschnelle Impulse nun mal brauchen für den Umweg über geostationäre Satelliten 36 000 Kilometer hoch über der Erde.

Selbstverständlichkeit heute, doch vor einer Generation allenfalls Zukunftshoffnung. Also nochmals Rückblende ins Jahr 1960, als man auf Ferngespräche, die über Transatlantikkabel liefen, oft noch Stunden warten mußte. Und man im idyllischen oberbayerischen Raisting noch keine Ahnung hatte, daß dort riesige Antennenanlagen aus dem Boden wachsen würden.

Damals fand sich in Stockholm zum Internationalen Astronautischen Kongreß zusammen, was mit der noch in den Kinderschuhen steckenden Raumfahrt zu tun hatte. Raketen-Altvater Hermann Oberth war da, auch Leonid Sedow, der stets freundliche, Sowjetmensch, den man respektvoll »Mister Sputnik« nannte. Und als Star des Westens Wernher von Braun. Der hatte stets einige unauffällige Begleiter des FBI zur Seite, damit er nicht gekidnappt werden konnte. Ich machte mein erstes Interview für den »Merkur« mit ihm, in dem er der Bundesrepublik empfahl, endlich auch in die Weltraumtechnologie einzusteigen.

Und während diskutiert und vermutet wurde, wer nach Hunden und Affen demnächst den ersten Menschen auf eine Erdumlaufbahn bringen werde, die USA oder die UdSSR, stellte sich der Urtyp jener Weltraum-Umsetzerstationen vor, auf die heutzutage Millionen häßlicher Satellitenschüsseln gerichtet sind. Von der großen Party im Stockholmer Verkehrsmuseum strömten die Gäste mit Sektgläsern in der Hand nach draußen, wo heller als alle Sterne ein leuchtendes Objekt majestätisch über den Himmel dahinzog: »Echo I«, ein 1600 Kilometer über der Erde aufgeblasener Riesenballon. Seine Haut war aluminiumbeschichtet und strahlte alle Funkbotschaften, die irdische Sender zu ihm hinaufschickten, prompt zurück.

Von da an war klar, daß die Nutzung des Weltraums als neue Dimension bis dahin Ungeahntes ermöglichen würde. Auch Blicke in die Hinterhöfe des potentiellen Gegners.

Daß sich die USA solche Einblicke schon seit geraumer Zeit mit noch konventionellen Mitteln verschafft hatten, wurde offensichtlich, als am 1. Mai 1960 über Swerdlowsk, mitten in der Sowjetunion, eine amerikanische Spionagemaschine abgeschossen wurde. Eine streng geheimgehaltene Lockheed U-2, ein einstrahliges Düsenflugzeug mit Segelflugeigenschaften, das in Höhen über 20 000 Meter regelmäßig zwischen der Türkei und Norwegen hin- und herpendelte und fotografierte, was seinen Kameras vor die Linsen kam. Jetzt holte sie eine den Sowjets bis dahin nicht zugetraute Luftabwehrrakete vom Himmel. Garry Powers, der Spionagepilot, konnte sich mit dem Fallschirm retten und wurde in Moskau zu zehn Jahren Haft verurteilt.

Die politische Folge der Affäre: Ein in Paris vorgesehenes Gipfeltreffen zwischen Eisenhower und Chruschtschow über Deutschlands Zukunft platzte. Und der tiefbeleidigte Sowjetchef zeigte wieder mal sein ungebärdiges Temperament, als er in der Herbst-Vollversammlung der Vereinten Nationen in New York seinen rechten Schuh auszog und damit wild auf seinem Pult herumtrommelte.

Der offenbar unberechenbare Glatzkopf aus dem Kreml bekam freilich noch im gleichen Jahr einen ernsthafteren Gegenspieler als »Ike«, die gealterte Siegerfigur des Zweiten Weltkriegs, es zuletzt gewesen war: John Fitzgerald Kennedy, 43 Jahre jung.

Er wird mit denkbar knappster Mehrheit zum neuen US-Präsidenten gewählt. Aber er verheißt sogleich den Aufbruch zu »New Frontiers«, wie sie die Amerikaner einst vor hundert Jahren im Wilden Westen suchten.

Jetzt liegen diese »Neuen Grenzen« auf technologischem und damit auch machtpolitischem Gebiet. Kennedy nimmt die sowjetische Herausforderung an. Er pro-

Auch als »Friedensbotschafter« machte der Kosmonaut eine gute Figur.

klamiert die Entschlossenheit der USA, »noch vor Ende des Jahrzehnts einen Menschen auf den Mond zu landen und ihn wieder sicher zur Erde zurückzubringen.« Nie mehr seitdem ist ein solch gigantisches Ziel gesetzt worden. Nie mehr seitdem wurde soviel Innovationskraft und Geld in ein Programm gepumpt. Wenn man heute zurückdenkt, wurde damit schon die technologische »Totrüstung« eingeleitet, die 30 Jahre später zur Kapitulation der Sowjetunion führte.

Damals freilich lag die rote Weltmacht im Wettlauf noch vorn. Der langerwartete »Kolumbus des Weltraums« war ein Luftwaffenmajor namens Jurij Gagarin. Er umrundete am 12. April 1961 in Höhen zwischen 175 und 302 Kilometern in 89 Minuten einmal unseren Planeten und sah dabei als erster Mensch zweimal an einem Tag die Sonne aufgehen. Sein »Raumschiff« war eine primitive Kugel, und nur mit viel Glück konnte er sich aus ihr zur Landung am Fallschirm herauskatapultieren.

Ich traf Jurij Alexejewitsch Gagarin später zweimal, 1963 und 1965, auf Raumfahrtkongressen in Paris, mal in ordenbesteckter Uniform, mal in grauem Zivilanzug. Ich lernte ihn als ungemein sympathischen, bescheidenen Mann mit blauen Augen in einem rundlichen Bauerngesicht kennen, der westlicher Lebensart durchaus aufgeschlossen war. Daß er, der erste Mensch im Weltraum, sieben Jahre nach seinem Triumph mit einem simplen, veralteten Düsenjäger MiG-15 abstürzte, ist eine der Tragödien, wie sie bei Pionieren aller Art in der Weltgeschichte gar nicht so selten sind.

Der Spitzbart mauert das Schlupfloch zu

Die ersten hundert Tage seiner Regierungszeit waren noch nicht um, als John F. Kennedy, als der neue dynamische Präsident, eine schwere weltpolitische Niederlage einstecken mußte. Mit Duldung, ja Unterstützung Washingtons waren am 10. April 1961 in den USA ausgebildete und ausgerüstete Exilkubaner in der Schweinebucht auf Kuba gelandet. Ihr Ziel: Fidel Castros Regime, das sich der Freundschaft der Sowjetunion rühmen durfte, zu stürzen.

Das dilettantisch durchgeführte Unternehmen endete in einem Desaster. Castro triumphierte, und sein Schutzherr Nikita Chruschtschow führte Kennedy genüßlich als Aggressor vor.

Doch schon eineinhalb Monate später trafen sich die beiden an der schönen blauen Donau in Wien und verbreiteten nach außenhin eitel Sonnenschein. Man scherzte, trank sich zu, und auch die beiden Ehefrauen, die bildhübsche, elegante Jacqueline und die bäuerlich-mütterliche Nina, lächelten in die Kameras.

Doch der Schein trog. Die beiden mächtigsten Männer der Welt wußten, was sie von einander zu halten hatten, wußten, daß harte Auseinandersetzungen kommen würden.

Chruschtschow hatte ihn sicher nicht gelesen, wohl aber Kennedy: Der große journalistische Romancier Ernest Hemingway nahm in diesem sich aufheizenden Sommer am zweiten Julitag sein Jagdgewehr und schoß sich in den Kopf.

13. 8. 1961: Ulbricht ließ die Mauer, die anfangs aus Stacheldraht bestand, durch Berlin bauen.

Was freilich nichts mit Politik zu tun hatte, hier aber doch verzeichnet werden soll, weil der Nobelpreisträger für Literatur wie kein anderer Amerikaner nach dem Krieg lesehungrigen Deutschen zum Idol geworden ist.

Es kam der August (das erste deutsche Atomkraftwerk in Kahl am Main war gerade ans Netz gegangen), und er brachte gleich zu Beginn dem Freistaat das dritte Staatsbegräbnis seiner Nachkriegsgeschichte: Exministerpräsident Dr. Hanns Seidel, erst 59 Jahre alt, war einem Rückenmarkleiden erlegen, das auf einen Verkehrsunfall von 1958 zurückging. Der auch von der Opposition stets hochgeachtete CSU-Politiker hatte die Regierung nach dem Scheitern der Viererkoalition

Ende 1957 übernommen, sie aber aus Gesundheitsgründen bereits im Januar 1960 wieder abgegeben. Als Lückenbüßer mußte damals wieder der altbewährte Hans Ehard einspringen. Und als Seidel im Februar 1961 auch den Landesvorsitz der CSU niederlegte, wurde Franz Josef Strauß für die nächsten 27 Jahre sein omnipotenter Nachfolger.

Die Beisetzung Seidels im Münchner Westfriedhof fiel bereits in Tage ständig steigender Spannung. Chruschtschows Forderung, Friedensverträge mit beiden deutschen Staaten zu schließen und West-Berlin zu einer »Freien Stadt« zu machen, hatte eine Massenflucht aus der DDR in Gang gesetzt. Der Zustrom in die Notaufnahmelager im Westteil der Stadt nahm

Erst 9 Tage später ließ sich Kanzler Adenauer in der Stadt blicken, um den Menschen »drüben« zuzuwinken. Viele Berliner nahmen ihm das übel.

von Tag zu Tag dramatisch zu. Am 1. August waren es 1300, am 8. fast 2000, am 12. schon 4000. Und am 13. machte die DDR mit Moskaus Genehmigung das Schlupfloch dicht.

Walter Ulbricht, der »Spitzbart«, ließ an jenem Sonntag im Morgengrauen durch Volkspolizei, Volksarmee und Betriebskampfgruppen den »antifaschistischen Schutzwall« quer durch die alte Reichshauptstadt ziehen. Ein Behelfsbauwerk aus ein paar Hohlsteinen, Brettern und Stacheldraht zunächst, das dann rasch zu jener soliden Mauer heranwuchs, an der in den folgenden 28 Jahren 178 Menschen bei dem Versuch abgeknallt wurden, sie zu überwinden.

Empörung und Proteste des Westens, aber keine Gegenwehr. Die vier amerikanischen »Patton«-Panzer, die zur Sektorengrenze an der Friedrich-, Ecke Kochstraße rasselten, wollten nur den garantierten Ausländerübergang schützen.

Immerhin schickte Kennedy seinen Vizepräsidenten Lyndon B. Johnson sogleich nach Berlin und dazu über die Autobahn eine gepanzerte Kampfgruppe von 1500 Mann. Und am 22. August flog endlich auch Bundeskanzler Adenauer für acht Stunden in die umzingelte Stadt und sah vor dem verriegelten Brandenburger Tor den Volkspolizisten ins Auge.

Willy Brandt, der Regierende Bürgermeister, nahm dem »Alten« die späte Geste ziemlich übel. Seine Partei hatte sich endlich durchgerungen, ihn statt des aufrechten, aber biederen Erich Ollenhauer, von dem es so schöne Fotos beim Skatspiel in Hosenträgern gab, als Kanzlerkandidaten zu präsentieren. Zusammen mit seiner aparten norwegischen Frau Ruth stellte er ein politisches Strahlepaar dar, das vielleicht auch auf Anhieb gesiegt hätte, wenn die »Telekratie« schon so erblüht gewesen wäre wie heute.

Damals jedoch, als im September der nun schon vierte Deutsche Bundestag gewählt wurde, bestimmten vorwiegend noch andere Einflüsse die Wählerentscheidung. Die Unionswahlkämpfer hatten Brandts uneheliche Geburt als Waldemar Frahm und seine Tätigkeit als Emigrant im Exil während des Dritten Reichs zu Schlägen unter die Gürtellinie benutzt. Dennoch legte die SPD erheblich zu, und die CDU/CSU verlor ihre absolute Mehrheit. Zu einer Koalition mit der FDP reichte es freilich noch üppig.

Das vierte und vorletzte Bundeskabinett Adenauer stellte sich zum Gruppenfoto. Und da tauchte unter der Männergesellschaft im dunklen Zwirn in der letzten Reihe erstmals ein Frauenkopf auf: Elisabeth Schwarzhaupt. Sie war fortan als Ministerin für die »Gesundheit« zuständig.

Stinkbomben gegen den Münchner OB

Alles war schon gerichtet für den »Gaudi-wurm«, doch dann wurde der Münchner Faschingszug abgesagt. Schuld war eine Jahrhundert-Sturmflut, die in der Nacht zum 17. Februar 1962 über die Deutsche Bucht hereingebrochen war. 337 Menschen kamen um, 312 allein in Hamburg. Der 43jährige Innensenator der Hansestadt, bis dahin in Bonn eher als »Schmidt-Schnauze« bekannt, wuchs als zupackender Krisenmanager zum politischen Star. Zwölf Jahre später war er Bundeskanzler.

Amerika atmete in diesem Februar auf. In einer engen »Mercury«-Kapsel hatte John Glenn, Oberstleutnant des Marine-Corps, endlich auch die Erde umrundet. Dreimal sogar. Zur Bergung des ersten richtigen US-Astronauten, der heute als Demokrat im Senat sitzt, war eine Armada von 24 Schiffen und 126 Flugzeugen aufgeboten. Der Sowjetrekord stand da allerdings schon auf 17 Erdumrundungen. Ein Wettlauf, der die USA noch lange als zweiten Sieger sah.

Auf der kleinen Weltbühne in München lief damals ein Sensationsprozeß ab, dem alle Zeitungen seitenlange Berichte einräumten. Vera Brühne, eine gutaussehende Zweiundfünfzigerin, wurde für schuldig befunden, gemeinsam mit Johannes Fehrbach ihren Geliebten, den wohlhabenden Arzt Dr. Otto Praun und dessen Haushälterin aus Habgier umgebracht zu haben. Auf lebenslänglich Zuchthaus lautete das Urteil, aber Zweifel blieben noch und noch.

Zwei Wochen nach diesem aufregenden Urteil gerät der erst 25 Monate amtierende junge Münchner OB Hans-Jochen

Vogel in arge Bredouille. Durch, seltsam genug, ein paar Gitarrespieler.

Die machen am sommerwarmen Abend des Fronleichnamtages 1962 auf dem Boulevard Leopold so heiße Musik, daß sich Hunderte um sie scharen und tanzen. Ein Anwohner, um seine Nachtruhe besorgt, ruft die Polizei. Die erscheint mit Funkstreifen. Als sie die Musiker aus der Menge holen, eskaliert die Szene. An Streifenwagen werden die Reifen durchschnitten, das Überfallkommando rückt an, Gummiknüppel werden gezogen, Autos umgeworfen, die Leopoldstraße wird zweimal geräumt.

Am Abend darauf schaukelt sich die Lage erneut auf. Starke Polizeikräfte stehen jetzt bereit, aber OB Vogel geht zunächst an die »Front«, kann ein paar hundert Leute beruhigen. Mutig geworden, versucht er es auch anderswo, wird aber nie-

Vera Brühne: angeklagt des Mordes.

109

Während der Blockade gegen Kuba steht die Welt am atomaren Abgrund: Ein sowjetischer Frachter wird von einem Aufklärer und einem Zerstörer der US-Navy überwacht.

dergeschrien, in einen Hausgang gedrängt, mit Stinkbomben beworfen. »Ich hatte alle Mühe, einen geordneten Rückzug anzutreten«, schreibt er in seinem Buch »Die Amtskette«.

Fünf heiße Frühsommernächte dauerten die »Schwabinger Krawalle« – bis es endlich regnete. Von »Aufrührern« war in einer Chronik des Polizeipräsidiums die Rede, doch es waren keine »Chaoten« im heutigen Sinn. Ein paar hundert aufmüpfige Studenten als Kern vielleicht, aber doch in der Masse »Jugendliche« bis 30 Jahre, die sich mal zum Spaß an der Staatsmacht reiben wollten, und viele Neugierige dazu.

Die Sache hatte übrigens ihre Folgen. Polizeipräsident Anton Heigl, Exoberstaatsanwalt und eher ein Mann fürs Grobe, litt gesundheitlich schwer unter der Kritik, die auf ihn niederprasselte. Am Ammersee, wo er sich erholte, überfuhr ihn beim Spaziergang ein Lastwagen – mit tödlicher Folge.

Nachfolger wurde – damals hatte noch die Stadt über ihre Polizei zu bestimmen – Kriminaldirektor Dr. Manfred Schreiber, erst 37 Jahre alt. Der »Manni«, der schon mal in sportlichem Spurt einen Ganoven höchstselbst dingfest machte, entwickelte zusammen mit Vogel die berühmte, nicht gleich aufs Dreinschlagen ausgerichtete »Münchner Linie« der Polizeitaktik. Von sich selbst sprach er gern als »Landgendarm«, der es »mit Kundschaft« zu tun hat.

Weltpolitisch zogen im Herbst darauf wieder einmal Gewitterwolken auf. Amerikanische Höhenaufklärer vom Typ U-2 entdeckten auf Fidel Castros sozialistischer Zuckerinsel Abschußrampen. Tiefflugfotos belegten alsbald: Sowjetische Mittelstreckenraketen werden vor der Haustür der USA installiert!

Der Provokation sondergleichen trat Präsident Kennedy mit einer Seeblockade Kubas entgegen. Die Welt schien am Abgrund eines Atomkrieges zu stehen, als sowjetische Raketenfrachter und US-Seestreitkräfte sich aufeinander zu bewegten. In letzter Minute machte Chruschtschow kehrt, zog seine Raketen von Kuba ab. Tat so, als habe er nicht gewußt, daß die Amis so empfindlich seien.

Mitten in der Kubakrise leistete sich auch Bonn Aufregendes. »Der Spiegel«, bei den Regierenden nicht gerade beliebt, hatte unter dem Titel »Bedingt abwehrbereit« peinliche Einzelheiten aus einem NATO-Stabsmanöver veröffentlicht. Für Bundeskanzler Adenauer tat sich »ein Abgrund von Landesverrat« auf.

Daß neben Rudolf Augstein und anderen auch Vizechefredakteur Conrad Ahlers in seinem spanischen Urlaubsort festgenommen wurde, geschah auf Intervention des Verteidigungsministers Strauß. Und weil der bei der folgenden Aufarbeitung der Affäre den Bundestag belog, ließen die sechs FDP-Minister die Koalition platzen. Die wurde zwar gleich wieder repariert, doch Strauß blieb auf der Strecke.

Damals schon hätte er sich als Regierungschef nach München abseilen können. Denn seine CSU sicherte sich bei den Landtagswahlen wieder einmal die Mehrheit der Sitze. Strauß blieb in Bonn, in Bayern begann die Ära Alfons Goppel. Der joviale Ministerpräsident fuhr alle vier Jahre schöne Wahlergebnisse ein und wurde in 16jähriger Regierungszeit so richtig zum »Landesvater«.

Alfons Goppel (li.) übernimmt in Bayern für lange Zeit das Ruder. Ein früher Vorgänger, Wilhelm Hoegner, wünscht ihm Glück.

Nikitas Schwiegersohn schwimmt im Ammersee

Für Journalisten ist ständig was los, jeden Tag. Doch wenn ich im Zeitraffer zurückschaue, gab es doch auch Perioden, in denen alles etwas weniger hektisch ablief. Das Jahr 1963 gehörte Monate hindurch dazu. Auf dem Eis holte sich Deutschlands »Traumpaar« Marika Kilius und Hans-Jürgen Bäumler die Weltmeisterschaft. Die ersten kühnen Miniröcke erregten Beifall oder Anstoß, und für die wachsende Fernsehgemeinde gab es endlich ein zweites Programm: das ZDF. Die Gründung der Fußball-Bundesliga

war auch was Angenehmes. Der TSV 1860 und der 1. FC Nürnberg gehörten zu den auserwählten sechzehn. Beide schafften dann freilich, als im August das erste Spiel anstand, gegen Eintracht Braunschweig und Hertha BSC nur je ein 1:1. »Löwen«-Trainer Max Merkel, Dampfplauderer und Zauberer, war sauer. In Bonn wollte Konrad Adenauer, inzwischen 87, nach fast 14jähriger Kanzlerschaft sein Amt abgeben – aber partout nicht an Ludwig Erhard. Doch die CDU/CSU-Fraktion legte sich auf den »Vater des Wirtschaftswunders« fest, und der »Alte von Rhöndorf« mußte es zähneknirschend hinnehmen. Das zigarrenrauchende Wohlstandsidol aus Fürth in Bayern wurde im Herbst zum Kanzler gewählt und koalierte, wie üblich, mit der FDP.

Ein Bild, das um die Welt ging: Jack Ruby (re.) erschießt den mutmaßlichen Kennedy-Mörder Lee Harvey Oswald (Mitte).

Zwei Frauen wurden in Juni weltbekannt: Die Russin Valentina Tereschkowa umrundete ohne männliche Begleitung im Raumschiff »Wostok 6« die Erde 48mal. Wie oft die andere, das ranke Callgirl Christine Keeler, ihr Bett mit dem britischen Verteidigungsminister John Profumo und gleichzeitig mit einem Attaché der Londoner Sowjetbotschaft teilte, wurde nicht gezählt. Das brisante Dreiecksverhältnis machte aus dem Minister einen »Ex«.

Und wieder einmal feierte München: Fast auf den Tag genau 20 Jahre nach der Zerstörung durch britische Bomben wurde das Nationaltheater am 21. November mit Richard Strauß' »Frau ohne Schatten« wiedereröffnet. 65 Millionen Mark hatte der Aufbau gekostet. Dafür bekommt man heute gerade mal ein paar Kilometer Autobahn.

Nach dem Fest ein schrecklicher Freitag. Die erste Ausgabe des »Münchner Merkur« war schon druckfertig, als gegen 19.45 Uhr die Fernschreiber Blitzmeldungen hämmerten: Attentat auf Kennedy in Dallas/Texas! Und bald darauf: Präsident den Verletzungen erlegen.

Die Welt war geschockt. Und als dann noch der als mutmaßlicher Mörder festgesetzte Lee Harvard Oswald von dem Barbesitzer Jack Ruby inmitten von Polizisten erschossen wurde, war der Schlager »Das gibt es nur in Texas« auf schreckliche Weise pervertiert. Münchens Stadtrat gab der neuen Isarbrücke des Mittleren Rings den Namen des Mannes, der fünf Monate zuvor unter dem Jubel Hunderttausender bekannt hatte: »Ich bin ein Berliner!«

Nikita Chruschtschow, Kennedys alter Widerpart, war ruhiger geworden, berechenbarer. Ende Juli 1964 kam sein Schwiegersohn Alexej Adschubej, Chefredakteur der Regierungszeitung »Iswestija«, auf Einladung des »Merkur« nach München. Ein große Programm lief ab.

Beim Ausflug ins Oberland hatte ich als Motorredakteur den als Autonarr geltenden Gast zu betreuen. Er war groß von Statur und etwas bärenhaft, und auf Fotos von damals ähnelt er sehr einem jüngeren Boris Jelzin.

Zum Ammersee fuhren wir einen brandneuen BMW 1800 TI, bei Wartaweil ging's mit einem »Amphicar« übers Wasser. Und weil es brütend heiß war, lieh sich der Moskauer von einem Feriengast eine Badehose, um richtig einzutauchen. Weiter auf der B 2 nach Garmisch ließ ich ihn das bestechend elegante Coupé Glas 1300 GT probieren. Adschubej war hingerissen. »Gute Autos für gute Straßen, die wir nicht haben«, sagte er mir auf Englisch. Auch der prächtige Gamsbarthut, den ihm Herausgeber Felix Buttersack beim verspäteten Mittagessen in »Klausings Posthotel« aufsetzte, entzückte ihn.

Auf der Rückfahrt hatte ich die Ehre, Ehefrau Rada zu kutschieren. Die vielen Kesselbergkurven bekamen der unscheinbaren Chruschtschowtochter nicht besonders, die Rast in Königsdorf war Erlösung. Tags darauf wurde der größte Wunsch der studierten Biologin erfüllt: Besuch auf der Graugänse-Station Seewiesen des berühmten Verhaltensforschers Konrad Lorenz.

Und weil Alexej Adschubej so angetan war von dem flotten 1300 GT, konnte ich mit der Firma Glas verabreden, ihm einen nach Moskau zu schicken. Doch ehe die Gabe auf die Bahn gebracht werden konnte, wurde im Oktober Nikita Chruschtschow als Kremlchef gestürzt. Damit war auch Schwiegersohn Adschubej sein Amt los, und der 11 600-Mark-Flitzer blieb in Dingolfing an der Isar.

Über Hans Glas, den Seniorchef dort, muß ich noch was erzählen. Denn wenn es ein Wachsfigurenkabinett von Unternehmerpersönlichkeiten gäbe – er hätte darin einen Platz verdient.

Chruschtschows Schwiegersohn Adschubej fand den Flitzer hinreißend.

Zuerst produzierte er Landmaschinen, dann Motorroller und das legendäre »Goggomobil« und schließlich Autos bis hin zur Luxusklasse. Der innovative Niederbayer, der einst in den USA eine Risikospritze erhalten hatte, war für grobe Rausschmisse aufdringlicher Journalisten bekannt, vor allem solcher aus dem Norden.

Mir gegenüber war er, als ich ihn zu seinem Fünfundsiebzigsten interviewte, richtig zünftig. Er zog auf meine Bitte sogar die legendären Wachstuchhefte aus dem Schreibtisch, in denen er täglich Ausgaben und Einnahmen für jedes produzierte Auto festhielt. »Mein Elektronengehirn«, sagte er. Dann ließ er von der Köchin Rosa daheim Dampfnudeln mit Vanillesoße für uns zwei ins Werkskasino kommen. Es war ein Freitag, Fastentag.

Wenig später, 1966, wurde die Hans Glas GmbH von den Bayerischen Motorenwerken verspeist. Für etwas mehr als 10 Millionen Mark.

Freude über den Olympia-Zuschlag.

München
triumphiert in Rom

»Reißt's d' Straßen auf, d' Fremden kemma« ist ein uralter Münchner Spruch. Was jedoch Mitte der sechziger Jahre in der Landeshauptstadt anhob, ging weit über alle bisherige Graberei auf Straßen und Plätzen hinaus. Jetzt wühlte sich München in den Untergrund. Zuerst am Stachus, dann aber bald auch anderswo.
Dem offiziellen Baubeginn der U-Bahnlinie 6 zwischen Freimann und Harras am 1. Februar 1965 waren verwirrende Planungen und Verhandlungen vorausgegangen. Eine »Unterpflaster-Straßenbahn« war favorisiert worden, so daß die Stadt sich sperrte, der Bundesbahn für eine

Tunnelverbindung zwischen Haupt- und Ostbahnhof die »klassische Trasse« über den Marienplatz einzuräumen. Unverständliche Streitereien heute, da das MVV-Netz längst Stadt und Vorortgemeinden zur »Region München« zusammengeschnürt hat.
Daß es so kam, bleibt ein Verdienst des Oberbürgermeisters Hans-Jochen Vogel, den die Bürger im März 1966 mit traumhaften 78 Prozent im Amt bestätigten. Daß aber dann in der Rekordzeit von nur sieben Jahren neben dem S-Bahn-Tunnel bereits 16 Kilometer U-Bahn-Strecke fertig wurden, ist auch einer anderen Schubkraft zu danken, von der noch die Rede sein wird.
Apropos Schubkraft, jetzt technisch gemeint. Zwischen Augsburg und München fuhr die Bahn erstmals mit 200 km/h, was freilich nicht sehr imponieren

Zwei, die es gut miteinander konnten: Franz Josef Strauß und Karl Schiller.

konnte gegenüber dem Geschwindigkeitsrekord für Landfahrzeuge, den ein Mann namens Craig Breedlove auf einem Salzsee im Staat Utah mit 966,5 km/h aufstellte. Aber der benutzte nicht Kraftstrom-, sondern Raketenantrieb.

Doch was war das alles angesichts der Sensation, daß ein Mensch mit 28 000 km/h im Weltraum freischwebend durch den Weltraum raste? Die Sowjets hatten da wieder mal die Nase vorn: Kosmonaut Alexej Leonow machte für zehn Minuten einen »Weltraumspaziergang« – ein seitdem unausrottbares Falschwort, denn jede Tätigkeit außerhalb eines Raumschiffs ist Schwerstarbeit.

Übrigens folgten diesmal die Amerikaner dichtauf: Astronaut Edward White hing 21 Minuten lang an einer »Nabelschnur«

und turnte mit Hilfe einer Rückstoßpistole in einem 7-Meter-Kreis um sein Gemini«-Raumschiff.

Mit diesen Zweisitzerkapseln holte die NASA den roten Vorsprung zusehends auf. Und auch mit dem ehrgeizigen Projekt einer Mondexpedition, das Kennedy verkündet hatte, ging es rasch voran. Wernher von Brauns »Saturn«-Familie wuchs mit immer gewaltigeren Trägerraketen stetig heran.

Ich besuchte damals als »Merkur«-Reporter vier Wochen lang quer durch die USA alle NASA-Einrichtungen. Ich war beim Training der Astronauten dabei, lag in der engen Dreimannkapsel des Mondschiffs »Apollo«, stand in einem Übungsexemplar der Landefähre und blickte durch dessen dreieckigen Fenster auf eine

nauten, die, Schwerkraftgesetzen unterworfen, erst um den Trabanten herumschleudern mußten, ehe sie wieder heil auf der Erde landen konnten.

Vergessen ist vielleicht schon, daß damals ein Volksentscheid in Bayern das Wahlalter von 21 auf 18 Jahre herabsetzte. Offenbar nicht zum Schaden der CSU, die bei den Landtagswahlen im November sagenhafte 54,6 Prozent erreichte. Landesvater Alfons Goppel veranlaßte daraufhin Erstmaliges und Beispielhaftes: ein Ministerium für Landesplanung und Umweltfragen. Max Streibl, mit 38 noch jung, wurde Chef.

War die Wahl eine weißblaue Quittung auf das sozialliberale Bündnis am Rhein? Die SPD verlor zwar 2,5 Prozent, aber ihr Bonner Partner FDP kehrte nach vier Jahren wieder ins Maximilianeum zurück. Was nicht zuletzt Hildegard Hamm-Brücher zu danken war, der »liberalen Krampfhenna«, wie Franz Josef Strauß sie titulierte. Dafür stolperte die weit rechts angesiedelte Nationaldemokratische Partei (NPD) an der Fünfprozenthürde und beendete damit ihr vierjähriges Gastspiel im Maximilianeum. Wie immer war die Auslegung des Wählerverhaltens schwerer als Sterndeuterei.

In Bonn jedenfalls fuhr die Regierung Brandt/Scheel gegen den erbitterten Widerstand der Union Erfolge ein. Vor allem in der Ostpolitik: Ein Gewaltverzichtsvertrag mit der UdSSR wurde in Moskau unterschrieben, und als Kanzler Brandt im Dezember Warschau besuchte, sank er am Denkmal des jüdischen Ghettos auf die Knie. Manche in der Bundesrepublik fanden die spontane Geste unangebracht, doch die Welt sah sie so, wie sie gemeint war: als Eingeständnis einer Schuld, als Bitte um Verzeihung.

War es der Kniefall, war es die Motorbootfahrt mit Kremlchef Leonid Breschnew vor Jalta auf der Krim, wo die

Starb mit 71: das amerikanische Jazz-Idol Louis Armstrong.

»großen Drei« 1945 die Teilung Deutschlands verabredet hatten? Willy Brandt bekam, wie einst 1926 Außenminister Gustav Stresemann, den Friedensnobelpreis, »weil er die Hand zur Versöhnung zwischen alten Feindesländern ausgestreckt hat«.

Damit sind wir schon im Jahr 1971, ja in dessen Herbst. Dabei war doch auch im Frühjahr und Sommer so manches geschehen. Da übernahm beispielsweise der Exjugendführer Erich Honecker anstelle des alt gewordenen Walter Ulbricht das Kommando in der DDR; da kehrte das Raumschiff »Sojus 11« mit drei erstickten Kosmonauten an Bord zur Erde zurück; da starb mit 71 Jahren Jazzkönig Louis »Satchmo« Armstrong – und blieb bis heute lebendig. Und eine 29jährige Australierin gebar neun Babys auf einmal, von denen freilich keins überlebte.

Das große Stadion entstand.

Sage niemand, München sei 1971 ein »Millionendorf« gewesen. Das Hippie-musical »Hair« mit dem Song vom Wassermann brachte es im Theater an der Brienner Straße auf 365 Vorstellungen und 350 000 Besucher. Doch auch zu einer makabren kriminellen »Premiere« kam es.

Am Nachmittag des 4. August überfielen die Gangster Hans-Georg Rammelmayr und Dimitr Todorov die Filiale der Deutschen Bank an der Prinzregentenstraße, direkt gegenüber dem Gourmettempel Käfer. Sie hielten sieben Geiseln fest, verlangten 2 Millionen Mark und einen schnellen BMW zum Abhauen. Die damals noch städtische Polizei, erstmals mit

einer solchen Situation konfrontiert, brachte Scharfschützen in Stellung. Als Rammelmayr gegen Mitternacht zum Fluchtauto ging, in das schon das Lösegeld und die Geisel Ingrid Reppel gebracht worden waren, wurde er niedergestreckt, tötete aber sterbend noch Ingrid Reppel mit seiner Maschinenpistole. Ein Einsatzkommando stürmte daraufhin die Bank.

Viele hundert Neugierige hatten von Fenstern und Balkonen aus das Drama verfolgt, das monatelange Diskussionen nach sich zog: War die Polizeitaktik richtig, war der »finale Rettungsschuß« angebracht?

Doch dann kam München auch wieder

132

positiv in die Schlagzeilen: Auf dem Oberwiesenfeld, einst Standort des ersten Verkehrsflughafens der Stadt, wuchsen in tollem Tempo die Olympiabauten heran, die mittlerweile auf 1,2 Milliarden Mark veranschlagt wurden. Sensationell war allein schon das Gerippe für die Zeltlandschaft, mit 75 000 Quadratmetern das größte Dach der Welt.

Dann der 19. Oktober, da die Münchner sich erstmals im Untergrund in weißblaue Wagenzüge setzten konnten: Die U 6 fuhr vom Kieferngarten bis zum Goetheplatz, 8 Kilometer weit. Hans-Jochen Vogel, der sich damit ein Denkmal gesetzt hatte, wollte die ihm sichere dritte Amtsperiode allerdings nicht mehr auf sich nehmen. Nach zwölf Jahren Verantwortung für Bayerns Landeshauptstadt lockte die Bundeshauptstadt. Georg Kronawitter, empfohlener Nachfolger, siegte im nächsten Juni programmgemäß . . .

München stand an der Schwelle zum Olympiajahr vor einer Zäsur wie nie zuvor und seitdem nicht wieder. Vernetzt durch Schnellbahnen erwuchs aus Kernstadt und Vorortgemeinden die »Region München«, eine Metropole. Hoffnung war, daß sie nicht wie eine der vielen anderen in Europa würde.

Mich ließ damals das Urteil eines Münchner Amtsgerichts Schlimmes ahnen: Es wertete »Bauernfünfer, gscherter« als Beleidigung und verhängte eine Strafe von 250 Mark.

Fest der Völker unter dem Zeltdach

Am Freitag, dem 25. August 1972, war es soweit: Nach einer Reise über 5758 Kilometer erreichte das olympische Feuer München, wurde am Königsplatz feierlich in Empfang genommen. Als dann der Läufer das Maximilianeum erreichte, den Sitz des Landtags, wo das Feuer »übernachten« sollte, erlosch die Fackel und mußte von der Reserveflamme des Begleitfahrzeuges erneut entzündet werden. So was konnte passieren, niemand sah darin ein böses Omen, wie es vielleicht die alten Griechen getan hätten. Auf dem Königsplatz wurde das Feuer für die Nacht »geparkt«.

Der Samstag darauf war ein strahlender Sommertag mit leuchtend blauem Himmel. 80 000 Zuschauer erlebten das nagelneue Stadion auf dem Oberwiesenfeld mit dem futuristisch-kühnen Zeltdach als ein

Fahnen wehten zu Füßen des Fernsehturms, der bayerische Himmel zeigte sich heiter.

Oval der Festesfreude. Mannschaften aus 122 Ländern zogen fröhlich und beschwingt ein, winkten, schwenkten ihre Fahnen. Kurt Edelhagen hatte aus Motiven von Volksweisen aller Welt die Musik komponiert, jetzt bot er sie mit der Bigband der Bundeswehr virtuos dar. Die Sommerspiele der XX. Olympiade der Neuzeit waren eröffnet, die Spiele von München, die sich sogleich den Beinamen die »heiteren« verdienten.

Abends, im Antiquarium der Residenz, gab Bundespräsident Gustav Heinemann einen festlichen Empfang. Siegfried Perrey, der geniale Regisseur der Eröffnungsfeier, war unter den unzähligen Gästen, aber im eigentlich verdienten Mittelpunkt stand er nicht. Dennoch erhielt »Don Kra-

Münchens neuer OB Kronawitter nimmt die Olympiafahne entgegen.

Günter Zahn trägt das Olympische Feuer ins Stadion.

wallo«, wie er wegen seiner manchmal rigorosen Art genannt wurde, Lob von vielen Seiten. Emil Zatopek, der große alte Olympia-Recke aus der Tschechoslowakei, sagte zu mir, als ich ein wenig mit Berlin 1936 provozieren wollte: »Nein, das war nicht die gefürchtete deutsche Perfektion. Das war Wärme, das war Gemütlichkeit, das war Bayern!«.

Medaillensegen im Stadion, Empfang um Empfang, Party um Party in der Stadt. Die Nächte waren kurz in München, die Bars voller Gäste. Bei Toni Netzle, die neben ihrer Schwabinger Traditionskneipe eigens einen »Neuen Simpl« am Rindermarkt aufgemacht hatte, hielt Olympia-Pressechef Jonny Klein Hof, trafen sich Journalisten, Politiker und Schickeria.

Am Samstag, den 2. September, eine Woche nach Beginn der Spiele, stieg im fashionablen »Sheraton-Hotel« in Bogenhausen glanzvoll der offizielle »Olympia-Ball«. Ich saß mit Hans-Dietrich Genscher an einem Tisch, wir swingten mit unseren Frauen übers Parkett. Alles war so heiter, so fröhlich, so unbeschwert. Allen erschienen die Münchner Spiele als die gelungensten aller Zeiten. Keine 48 Stunden später war der Bundesinnenminister Genscher gefordert wie nie zuvor.

Auch Dienstag, der 5. September, ist ein strahlend schöner Tag – die Meteorologen haben mit ihren Vorhersagen für die Olympia-Zeit eine ungewöhnliche Trefferquote. Doch um vier Uhr morgens dieses Tages geschieht das Schreckliche, das Unerwartete. Acht Männer der palästinensischen Terrororganisation »Schwarzer

Trauerfeier für die israelischen Sportler, die dem Terror zum Opfer fielen.

September« dringen, als Sportler getarnt, ins Olympische Dorf ein, überfallen im Haus Conollystraße 31 das Quartier der israelischen Mannschaft, erschießen zwei Männer und nehmen neun als Geiseln.

Die Forderung der Terroristen, 200 inhaftierte Palästinenser freizulassen, wird von der israelischen Regierung strikt abgelehnt.

Nach stundenlangen Verhandlungen mit Genscher, seinem bayerischen Kollegen Dr. Bruno Merk und Münchens Polizeipräsident Dr. Manfred Schreiber stimmen die Terroristen einem Abflug mitsamt den Geiseln nach Kairo zu.

Um 22.22 Uhr verlassen zwei Helikopter des Bundesgrenzschutzes mit acht Arabern und neun Israelis das Olympische Dorf, nehmen Kurs auf den Fliegerhorst Fürstenfeldbruck, wo eine Lufthansa-Maschine bereitgestellt ist. Dort hofft man, die Terroristen durch Präzisionsschützen ausschalten zu können.

Der hastig gestrickte Plan schlägt fehl: Alle neun israelischen Sportler in den Hubschraubern werden durch Schüsse und eine Handgranate getötet, fünf Terroristen und ein Münchner Polizeibeamter kommen im Feuergefecht um, drei Araber werden festgenommen.

Trauerfeier am nächsten Vormittag im Stadion, ein halber Tag ohne Wettkämpfe. »The games must go on«, verkündete IOC-Präsident Avery Brundage, und er hatte sicher recht damit, Olympia nicht dem Terrorismus zu opfern.

Die Spiele von München gingen noch fünf Tage weiter. Aber sie waren nicht mehr das, was sie zehn Tage lang vorher gewesen waren.